Den Retter-Gott ranlassen

Rainer Petrak

Damit Ostern wird

Den Retter-Gott ranlassen

Rainer Petrak

Damit Ostern wird

eine verrückte Vision

1. Auflage Februar 2011

Neuer Weg 55, D-60388 Frankfurt am Main
Tel. 06109 / 501860
petrak@den-retter-gott-ranlassen.de
www.den-retter-gott-ranlassen.de

Titelbild: Skulptur „Ausblick" von Helmut Droll
aus dem „Weg der Besinnung" in Bad Kissingen
Foto: © Brigitte Droll

Bilder Innenteil: © Photographie Bertram Solcher

Bibeltext:
Einheitsübersetzung der Heiligen Schrift
© 1980 Katholische Bibelanstalt, Stuttgart

Herstellung: PRESSEL Digitaldruck Remshalden

ISBN 978-3-9814092-4-6

Buch 4 in der Reihe
„Den Retter-Gott ranlassen" ISBN 978-3-9814092-0-8

Die Deutsche Nationalbibliothek verzeichnet diese Publikation in der Deutschen Nationalbibliografie; detaillierte bibliografische Daten sind im Internet über http://dnb.d-nb.de abrufbar.

Diesem Buch ist eine Audio-CD beigefügt.
Quellenangaben und geschützte Rechte zur CD siehe Buch Seite 120.

Den Retter-Gott ranlassen

Damit Ostern wird

Inhalt

Dieses Buch
ein Vorwort

Viele haben den Glauben und das Leben als Christ kennen gelernt. Da und dort ist ihnen etwas von Gott aufgeleuchtet. Aber dann kommt doch immer wieder der Alltag. Glauben und Kirche finden sich schnell unter „ferner liefen ..." Mancher Versuch mit Beten oder mit Gottesdienst wurde enttäuscht. Freude am Glauben haben viele nicht erlebt. Selbst da, wo Menschen zusammengefunden haben als solidarische Glaubensgemeinschaft – mit so mancher Erfahrung „wie Weihnachten" – , gehört doch zum „Kirche-Sein" das Leben mit allen Unklarheiten, Widersprüchen, Problemen und Spannungen, Frust und Flops.

Diese menschliche Erfahrung greift die kirchliche Tradition von alters her auf und bietet alljährlich die Chance zum Neustart. Die Richtung, in die gestartet wird, heißt Ostern, also Auferstehung und neues Leben. Grund dafür ist Gott, der in Jesus Christus neu mit uns Menschen starten will.

Dem solide auf den Grund gehen – mit allen Fragen, die sich da stellen. Und diesen Weg neu in den Blick nehmen – in Auseinandersetzung und Klärung, in welcher Beziehung ich selbst dazu stehe und was das Ganze für mich bedeutet. Dazu möchte dieses Buch anregen.

Ein solcher Prozess kann nur teilweise mit dem Verstand begriffen werden; er bewegt den Menschen ganzheitlich. Wenn dieses Buch auch ein Medium aus geschriebenen Worten ist, seine Inhalte also rational – über den Kopf – vermittelt, wird hier doch versucht, das zu berücksichtigen: Viele Teile wollen langsam gelesen werden – „mit dem Bauch", mit den eigenen Erfahrungen und Emotionen und der eigenen Lebensrealität.

Die beigefügte Audio-CD möchte das unterstützen: Die Live-Aufnahmen (seinerzeit ohne die Absicht einer Veröffentlichung) aus „normalen" Gottesdiensten können vielleicht die anregende Vorstellung realer Glaubensgemeinschaft anstoßen. Technische Schwächen der nicht professionellen Herstellung lassen die geerdete Realität spüren.

Mit diesem Buch möge Klarheit und Kraft wachsen in der Ahnung von dem großen Fest, zu dem Ostern werden will: neues Leben, wie Gott es für die Menschen meint.

Neustart und Weg ins Leben

Vertrocknet sind die Jubelzweige vom Palmsonntag des letzten Jahres. Also werden sie von den Kreuzen in Wohnzimmern, in Versammlungs- und Büroräumen abgenommen und zu Asche verbrannt. Ausgetrocknet ist auch so manche Begeisterung und Energie des Glaubens – beim einzelnen Menschen wie bei den Gemeinden. Da gab es zu wenig Nährstoffe und zu viel Anderes. Es muss ja nicht gleich um einen „Systemabsturz" gehen, aber geholfen hat schon in vielen Lebenslagen ein „Neustart". Da stellen sich viele Fragen, die stabil und zuverlässig beantwortet sein wollen – so, dass ich mir, meiner eigenen Person gerecht werde. Es geht schließlich um das Fundament meines Lebens. – Das Jesus-Programm bietet sich an.

Aber: Der Weg, den Jesus geht, ist zwar faszinierend und voller Lebendigkeit. Auf der anderen Seite bringt ihm das den tödlichen Konflikt ein. Seine belebende Kraft und die mächtigen beharrenden Kräfte der Gesellschaft vertragen sich nicht. Und die mit ihm gehen, – auch für sie ist das ein riskanter Weg. Kann das mein Weg sein? – In der persönlichen Beziehung zu Jesus und in der von seinem Geist belebten Gemeinschaft kann Klarheit wachsen, dass ich vertrauend und versöhnt „Ja" sage zum Weg mit ihm und dass ich höre: „Steh auf, hab keine Angst!"

Der Kern der Botschaft wird immer klarer – für die, die sich der Begegnung mit Jesus stellen und in ihm Gott erahnen: Er rettet! Persönliche Geschichte wie Weltgeschichte werden jetzt mit ihm zur Rettungs-Geschichte. – Wie stehe ich dazu? Und dazu, „wir" könnten der Ort sein, an dem er sich so erleben lässt?

Neu zu wissen, was ich tue und warum und inwieweit ich tatsächlich dahinter stehe – das mag helfen, der Gefahr zu begegnen, der man leicht unterliegen kann: der Gefahr der Verharmlosung oder der Gedankenlosigkeit und der bequemen Anpassung an das, was üblich und mehrheitsfähig ist; eben blind für die „Wirklichkeit" zu bleiben und sich so die Auseinandersetzung zu ersparen. Aber die Begegnung mit Jesus Christus in Bibel und Gottesdienst, in der Gemeinschaft von Glaubenden, kann Motivation und Stärkung werden für die Auseinandersetzung mit Gegnern der Humanität, wie Gott sie meint.

Und dabei muss, wer den Weg mit Jesus gehen will, wissen: Da geht es um Gottes Alternative zum gesellschaftlich üblichen, all zu oft auch in der Kirche hoch gehaltenen Prinzip von „Gerechtigkeit", die Lohn und Strafe nach „Verdienst" zuteilt. Immer wieder braucht es Umkehr zu Gottes Art, wie er sich hinsichtlich Schuld und Vergebung in Jesus zeigt. Jedenfalls wenn wir zu unserer Taufe stehen und unser Weg in Richtung Ostern führen soll. Jesus selbst bringt dieser Konflikt ans Kreuz. Er löst Ärger aus bei all denen, die Machtregeln über alles stellen; die sich pseudo-fromm empören über seinen Glauben an einen Gott, der sich vor allem denen rettend zuwendet, die in „Sünde", im „Grab" leben.

Um solche Fragen geht es beim Christ-Sein: wogegen wir den Mund aufmachen und wofür wir uns einsetzen, woran wir glauben. Das ist die Dimension, in der die Erneuerung des Taufversprechens an Ostern gemeint ist.

Er will befreien. Und wo Menschen bei dieser Perspektive angekommen sind, hören sie die Aufforderung: „Packt den Stein weg!" und: „Menschen, kommt heraus ans Leben!" Da kann man sich auf Ostern nur noch freuen!

1 Neustart

Verkleidung, Schminke, Maske haben ausgedient.
Alles hat seine Zeit.
Die Jahreszeiten haben ihren Rhythmus.
Auf die Fröhlichkeit des Karneval
folgt nachdenkliche, zunehmende Bewusstheit.
Mit dem Aschermittwoch
bricht eine Zeit neuer Art an:
Vorbereitung auf Ostern.

Da kann, was an diesem Tag im Kirchenraum geschieht, zum Spiegel meines Inneren werden: Vielleicht wird aus dem Taufbecken zu Beginn des Gottesdienstes ein Zapfhahn geöffnet. Nur das Geräusch des herauslaufenden Wassers ist zu hören. Danach ist das Becken leer, aus dem eigentlich Belebendes zu erhoffen ist. Und vor meinen Augen wird die Osterkerze vom Vorjahr hinaus getragen, das Zeichen für das A und O des alles erhellenden Lichtes. Aller Blumenschmuck, wohl eh schon welk geworden, wird entfernt. Spiegel meines Inneren? Ja, was ist eigentlich aus meinem und unserem Glauben geworden, aus unserem Gemeinde-Sein und Kirche-Sein: Belebendes? Alles Erhellendes? Lebens-Schmuck?

Osterkerze und Taufwasser sind in weite Ferne gerückt. Beides will neu herbeigesehnt werden.

Und vielleicht wird dann vor meinen Augen ein Hungertuch aufgehängt. Das angeschaut werden will, um zu erinnern, worum es geht: um den Gott, der mit seinem Handeln in der Welt die Barmherzigkeit und erfülltes Leben zurückbringt.

Das Eigentliche will deutlicher werden.

Und dann spricht es jemand aus:

„Mit der Verkleidung lassen wir die Oberfläche zurück und gehen in die Tiefe. Wir machen Ernst mit unserer Sehnsucht nach Leben und nach Freiheit und stellen die Verbindung wieder her zwischen der Gestaltung unseres konkreten Lebens heute und der mit unserer Taufe getroffenen Grundentscheidung, wo unser Leben verankert sein soll. Dafür lassen wir uns neu durchpflügen, damit das Wesentliche uns unter die Haut gehen kann. So korrigieren wir unseren Kurs, orientieren uns neu. Unser Kompass ist Jesus Christus, der Gekreuzigte."

Ein Kreuz wird für alle gut sichtbar neu aufgestellt.

„Vorbereitung auf Ostern. Wir machen uns von neuem auf die Suche nach unserem Standort zwischen Taufe und Auferstehung, zwischen Nullpunkt und Vollendung, zwischen Tod und Leben. Wir halten neu Ausschau, wie wir mit Christus leben können. Wir stellen uns neu seinem Ruf, seiner Einladung. Mit ihm wollen wir uns einer neuen Lebensqualität innewerden – durch unsere Umkehr zum Reich Gottes, das uns mit Jesus Christus nahe kommt."

Eine wertvolle Bibel wird herbei gebracht und aufgeschlagen für alle gut sichtbar bereit gelegt.

„Kehrt um, denn das Reich Gottes ist nahe!" (Markus 1,15)

Auch wenn der Gottesdienst am Aschermittwoch, den Sie vielleicht aufsuchen, anders beginnt, so will nach alter und wieder entdeckter, menschlich gut bewährter Tradition die Zeit von diesem Tag an bis Ostern jedenfalls zu einer großen Chance werden:

„40 Tage nehmen wir uns Zeit dafür. Eine lange Zeit, in der wir vieles neu bedenken und erfahren und entdecken können.

Eine lange Zeit, in der sich uns der Reichtum unserer Chancen eines Lebens mit Christus neu erschließen kann."

In der Bibel kennzeichnet die Zahl vierzig immer wieder Zeiten der Vorbereitung: 40 Tage dauert die Sintflut. 40 Jahre zieht Israel durch die Wüste. 40 Tage bleibt Mose auf dem Sinai. 40 Tage wandert Elija zum Horeb. 40 Tage fastet Jesus in der Wüste. 40 Tage erscheint der Auferstandene den Jüngern. In solcher Tradition der Vorbereitung versteht sich diese Zeit der „heiligen 40 Tage" vor Ostern.

„Mit dem Aschermittwoch fangen wir an mit dem, was dieser Zeit ihren herkömmlichen Namen gibt: mit dem Fasten. Wir üben es, uns zu lösen von dem, was uns im Griff hat: Wir trainieren das Loslassen von Gewohnheiten, die uns behindern. Wir versuchen die Distanzierung von Kräften, die uns beherrschen. Wir gehen auf Abstand und können so besser neu entdecken, was wir brauchen und was nicht, was uns gut tut und was nichts taugt.

In solchem Verzicht suchen wir Freiheit und neue Klarheit fürs Leben – wissend, wofür und wogegen wir uns bekennen.

Wir versuchen deshalb, unsere Aufmerksamkeit frei zu halten für uns selbst und für Gottes Angebot zu unserer Befreiung."

In einem solchen Gottesdienst am Aschermittwoch 1999 traten bei diesen Worten zwei Personen nach vorn, deren Hände gefesselt waren – mit Gesicht zur Gemeinde und mit Blick auf die eigene Fessel.

„Wir wehren uns gegen das, was uns lähmt: gegen die träge machende Sättigung durch Konsum und Kommerz, Vergnügen und Fernsehen, Trott und Termine. Diese Chance des Christseins wahrzunehmen, so dass wir wirklich zu uns selber kommen und zur Verwirklichung unseres Lebens, das braucht Kraft zur Veränderung. Und die entwickeln wir am besten in solidarischer Glaubensverbundenheit unter Mitchristen."

Die beiden Personen wandten sich einander zu, lösten gegenseitig ihre Fesseln und legten sie ab.

„Wir halten uns frei!"

In der Tat: Vielen fällt das „Fasten", das Relativieren von Gewohnheiten, die Umkehr im Lebensstil in diesen Wochen vor Ostern leichter als sonst, weil sie wissen: Viele andere versuchen alles das gleichzeitig auch – wenn auch jeder auf seine Weise.

„Bei allen Unterschieden in unseren persönlichen Programmen durch diese Österliche Bußzeit sind uns zwei Akzente gemeinsam, die uns dadurch möglich werden, dass wir uns vom sonst Üblichen eher frei halten: Wir halten uns die Ohren frei von so vielem Lärm, der uns abstumpft, und von so vielen Worten, vor deren Flut wir oft nur noch auf Durchzug stellen können. So werden wir neu empfänglich für Gottes Wort, das er unmittelbar oder durch Menschen oder Ereignisse zu uns spricht – eine Empfänglichkeit, die wir in dieser Zeit besonders pflegen, genießen und zu nutzen suchen."

„Kehrt um, denn das Reich Gottes ist nahe!" (Markus 1,15)

„Und wir halten uns den Blick frei von so vielen Bildern, die uns ablenken von der Wirklichkeit und die uns zerstreuen wollen, so dass wir die Sammlung verlieren – und werden so neu empfänglich für die vielen Menschen auf der ganzen Erde, die mit uns denselben Vater im Himmel haben, denen es aber an Lebenswichtigem fehlt. Nicht nur Interesse und Aufmerksamkeit können wir ihnen zuwenden, – wie es sowieso der Verbindung unter Brüdern und Schwestern entspricht. Nein, wir können auch unsern Verzicht zu Geld machen und ihnen damit beim Überleben helfen. Zugleich können sie uns zum verstärkten Verzichten anregen und zum gemeinsamen Handeln mit ihnen."

Bei diesen Worten wurde ein großes Plakat der Fasten-Spenden-Aktion MISEREOR in die Kirche gebracht und gut sichtbar befestigt.

„Viele Hilfsmittel stehen uns auf dem gemeinsamen Weg als Kirche durch diese heiligen 40 Tage hindurch zur Verfügung – zum einen Teil aus dem reichen Repertoire der kirchlichen Tradition, zum andern Teil aus dem Ideenreichtum heutiger Christen. In vielerlei zusätzlichen Elementen und Angeboten im Programm durch die kommenden Wochen der ‚Österlichen Bußzeit' entdecken wir ***Gottes*** *Einladung zur Auffrischung eines Lebens aus dem Glauben.*

Wir wissen, was wir dafür brauchen, und das gönnen wir uns in diesen 40 Tagen: Ruhe und Zeit; das Bewusstsein, weder perfekt sein zu müssen, noch es tatsächlich zu sein; das Vertrauen, von einem liebenden Gott getragen und begehrt zu sein. Ich darf wissen: Gott hat gewollt, dass ich ‚lebe'! Alle Einflüsse, die mich am wirklichen Leben hindern, haben seit dem Tod und der Auferstehung Christi, also seit meiner Taufe, kein Anrecht mehr auf mich; er hat mich zum ‚Leben' befreit.

Je ernsthafter und konsequenter wir in diesen Wochen solche Neuorientierung, solche Umkehr angehen, desto größer und lebendiger wird unsere Freude dann an Ostern sein.

Das Osterfest soll als Abschluss dieser heiligen Zeit ein Freudenfest der Erneuerung unseres Lebens sein."

Und dann fingen wir neu an mit dem Hören. Was will Gott wohl sagen, wenn Menschen neu starten wollen in ein erfülltes Leben – ausgehend von unbefriedigenden und belastenden Realitäten, mit der Sehnsucht nach Veränderung – zu Beginn einer solchen „Fastenzeit"?

Rufe aus voller Kehle, halte dich nicht zurück! Lass deine Stimme ertönen wie eine Posaune! Halt meinem Volk seine Vergehen vor und dem Haus Jakob seine Sünden!

Sie suchen mich Tag für Tag; denn sie wollen meine Wege

erkennen. Wie ein Volk, das Gerechtigkeit übt und das vom Recht seines Gottes nicht ablässt, so fordern sie von mir ein gerechtes Urteil und möchten, dass Gott ihnen nah ist.

Warum fasten wir und du siehst es nicht? Warum tun wir Buße und du merkst es nicht?

Seht, an euren Fasttagen macht ihr Geschäfte und treibt alle eure Arbeiter zur Arbeit an. Obwohl ihr fastet, gibt es Streit und Zank und ihr schlagt zu mit roher Gewalt. So wie ihr jetzt fastet, verschafft ihr eurer Stimme droben kein Gehör. Ist das ein Fasten, wie ich es liebe, ein Tag, an dem man sich der Buße unterzieht: wenn man den Kopf hängen lässt, so wie eine Binse sich neigt, wenn man sich mit Sack und Asche bedeckt? Nennst du das ein Fasten und einen Tag, der dem Herrn gefällt?

Nein, das ist ein Fasten, wie ich es liebe: die Fesseln des Unrechts zu lösen, die Stricke des Jochs zu entfernen, die Versklavten freizulassen, jedes Joch zu zerbrechen, an die Hungrigen dein Brot auszuteilen, die obdachlosen Armen ins Haus aufzunehmen, wenn du einen Nackten siehst, ihn zu bekleiden und dich deinen Verwandten nicht zu entziehen.

Dann wird dein Licht hervorbrechen wie die Morgenröte und deine Wunden werden schnell vernarben. Deine Gerechtigkeit geht dir voran, die Herrlichkeit des Herrn folgt dir nach. Wenn du dann rufst, wird der Herr dir Antwort geben, und wenn du um Hilfe schreist, wird er sagen: Hier bin ich. (Jesaja 58,1-9a)

Und für alle, die bei solchen Propheten-Worten nicht etwa interessiert bis neugierig aufhorchen, sondern den Kopf einziehen, weil sich in ihnen ein „schlechtes Gewissen" regt, und die sich vielleicht doch lieber anderswohin orientieren könnten, erklingt aus alter Aschermittwochs-Tradition das ermutigende Apostel-Wort:

Wir sind Gesandte an Christi statt, und Gott ist es, der durch uns mahnt. Wir bitten an Christi statt: Lasst euch mit Gott versöhnen!

Er hat den, der keine Sünde kannte, für uns zur Sünde

gemacht, damit wir in ihm Gerechtigkeit Gottes würden.

Als Mitarbeiter Gottes ermahnen wir euch, dass ihr seine Gnade nicht vergebens empfangt. Denn es heißt: Zur Zeit der Gnade erhöre ich dich, am Tag der Rettung helfe ich dir.

Jetzt ist sie da, die Zeit der Gnade; jetzt ist er da, der Tag der Rettung.

„Jetzt"? – Heute! Nämlich:

Nachdem man Johannes ins Gefängnis geworfen hatte, ging Jesus wieder nach Galiläa; er verkündete das Evangelium Gottes und sprach: Die Zeit ist erfüllt, das Reich Gottes ist nahe. Kehrt um, und glaubt an das Evangelium! (Markus 1, 14-15)

Viele haben am Palmsonntag des Jahres davor – wie die Menschen vor 2000 Jahren in Jerusalem – „mit Palmzweigen in den Händen" Jesus zugejubelt als dem von Gott gesandten Erlöser der Welt. Vielleicht vorschnell? Oder halbherzig? Jedenfalls sind seither nicht nur die Zweige trocken und dürr geworden, die sie damals als Zeichen des frohen Bekenntnisses an die Kreuze zuhause und sonst wo geheftet hatten.

Nun liegen diese Zweige, um sie nach altem Brauch „loszuwerden", zusammengetragen in einem Gefäß vor aller Augen, wo sie verbrannt werden zu dem, was „übrig geblieben" ist:

Asche.
Asche und Feuer.
Feuer und Asche.
Feuer.
Wärme und Licht.
Faszination.
Wird Asche.
Der Weg der Welt:
Feuer wird Asche:
das Feuer der Liebe,
das Feuer des Geistes,

das Feuer des Lebens.
Einer kehrt um.
Alles.
Alle können umkehren.
Neuer Weg:
Asche wird Feuer
auf dem Weg
vom Aschenkreuz
zum Osterfeuer.
Aschermittwoch.
Osternacht.
Feuer der Liebe,
Feuer des Geistes,
Feuer des Lebens.
Umgekehrt

Wer solches Umkehren in dieser Zeit anstrebt, lässt sich dann mit der Asche ein Kreuz auf die Stirn zeichnen und lässt sich sagen:

„Kehrt um, und glaubt an das Evangelium!"

2 Ist das mein Weg?

Auf dem Weg zum Osterfest, in der sogenannten „Österlichen Bußzeit", kann jeder Sonntag zu einer Etappe werden: neu klären und bestärken und voranbringen. Dabei bedeutet „Buße" – so las ich bei Romano Guardini[1] – so viel wie „sich dem öffnen, was von Gott her kommen will." Und was will mit Ostern kommen? Jesus will mit seinem Tod und seiner Auferstehung auf mein Leben einwirken. Mein Ja dazu ist gefragt.

Der 2. Sonntag auf diesem Weg: Noch 5 Wochen ist Zeit, Klarheit zu gewinnen für die Erneuerung des eigenen Taufbekenntnisses in der Feier der Osternacht – „Widersagt ihr? Glaubt ihr?" – mit dem Wissen, was meinen Glauben antrifft und was auf meinen Widerspruch stößt; wogegen ich mich bekenne und wozu ich mich bekenne; welcher Angst ich nachgeben will und welcher Angst ich mich stelle.

Ja, wenn man das Leben als einen Weg versteht, immer wieder neu herausgerufen aus Vertrautem, gehört da eben immer auch Angst dazu. Weil ja alles Neue und alle Veränderung Angst macht. Ein Ärgernis! Noch dazu wenn man sich für einen Weg entschieden hat, der nicht der breite Weg der Mehrheit ist. Allerdings: Menschen, die sich für Gott, für Christus und für den Weg mit ihm entschieden haben, sollen zugleich gewiss sein dürfen: Gott klärt und wandelt solche Ängste, dieses Ärgernis – in ein wahrhaft erfülltes Leben.

Das wird an diesem 2. Sonntag in der Österlichen Bußzeit gezeigt am Beispiel von Abraham und von den Jüngern Jesu, die mit ihm auf dem Weg nach Jerusalem sind. Ich bin gewiss: Gott will uns da hineinziehen, damit für uns richtig Ostern wird. Werde ich mich seinen werbenden Worten anvertrauen?

Abraham – damals noch Abram genannt – lebte in Haran, einer Handelsstadt im Norden von Mesopotamien. Das ist das fruchtbare Weideland zwischen den beiden Flüssen Eufrat und Tigris, im heutigen Irak. Dort war er verwurzelt. Das war sein Land. Mit dem Leben dort war er vertraut. Dort lebte seine Verwandtschaft, dort war sein Vaterhaus, sein Wohnsitz. Er hatte eine Herde, von der er gut leben konnte. Wenn auch seine Frau Sara kinderlos war.

Der Herr sprach zu Abram: Zieh weg aus deinem Land, von deiner Verwandtschaft und aus deinem Vaterhaus in das Land, das ich dir zeigen werde. Ich werde dich zu einem großen Volk machen, dich segnen und deinen Namen groß machen. Ein Segen sollst du sein. Ich will segnen, die dich segnen; wer dich verwünscht, den will ich verfluchen. Durch dich sollen alle Geschlechter der Erde Segen erlangen. Da zog Abram weg, wie der Herr ihm gesagt hatte. (Genesis 12,1-4a)

Und:

... nahm Jesus Petrus, Jakobus und dessen Bruder Johannes beiseite und führte sie auf einen hohen Berg. Und er wurde vor ihren Augen verwandelt; sein Gesicht leuchtete wie die Sonne und seine Kleider wurden blendend weiß wie das Licht. Da erschienen plötzlich vor ihren Augen Mose und Elija und redeten mit Jesus. Und Petrus sagte zu ihm: Herr, es ist gut, dass wir hier sind. Wenn du willst, werde ich hier drei Hütten bauen, eine für dich, eine für Mose und eine für Elija. Noch während er redete, warf eine leuchtende Wolke ihren Schatten auf sie und aus der Wolke rief eine Stimme: Das ist mein geliebter Sohn, an dem ich Gefallen gefunden habe; auf ihn sollt ihr hören. Als die Jünger das hörten, bekamen sie große Angst und warfen sich mit dem Gesicht zu Boden. Da trat Jesus zu ihnen, fasste sie an und

sagte: Steht auf, habt keine Angst! Und als sie aufblickten, sahen sie nur noch Jesus. Während sie den Berg hinabstiegen, gebot ihnen Jesus: Erzählt niemand von dem, was ihr gesehen habt, bis der Menschensohn von den Toten auferstanden ist. (Matthäus 17,1-9)

Was heute mit diesem Abschnitt aus dem Evangelium gesagt werden will, erschließt sich nur aus dem Zusammenhang:

Sie sind auf dem Weg nach Jerusalem – Jesus und seine Leute. Im Norden Israels, in Galiläa, hatten sie ihn kennen gelernt, und er faszinierte sie: Er hatte Menschen geheilt, die unter allem Möglichen zu leiden hatten. Und er hatte dazu verkündet: „So sieht das Reich Gottes aus! Und das soll sich jetzt überallhin ausbreiten!" So war er selber zu Gottes Evangelium für die Menschen geworden. Und die ihre Freude an ihm gefunden hatten, waren seine ersten Anhänger geworden.

Aber zugleich hatten sie erlebt: Schon in Galiläa waren Leute gegen ihn: die frommen Pharisäer; die Schriftgelehrten, die aus Jerusalem gekommen waren, um seine Rechtgläubigkeit zu überprüfen; und die Anhänger des Königs Herodes. Die Auseinandersetzung zwischen ihnen und Jesus lief schon in aller Schärfe: Seine Gegner hatten schon den Beschluss gefasst, Jesus umzubringen.

Und trotzdem war Jesus fest entschlossen, nach Jerusalem zu gehen – in die Zentrale der Schriftgelehrten, an den Sitz des Königs Herodes – in die Höhle des Löwen. Diesen einflussreichen Menschen, die dagegen waren, dass Jesus den leidenden Menschen von Gott her Heilung brachte, die durften einfach nicht die Oberhand behalten! Denen anderes wichtiger war als die Befreiung der Menschen von ihren Leiden, denen musste Jesus entgegen treten – in Gottes Namen! Das war einfach sein „Ding"! Und Jesus war klar: Es ist Gottes Wille, dass er diesen riskanten Weg nach Jerusalem geht.

Seine Jünger, die Freunde, die mit ihm gingen, waren gemeinsam mit ihm auf dem Weg. Das Ausmaß der Gefahr, die ihm und damit auch ihnen in Jerusalem drohte, merkten sie zuerst gar nicht richtig. Deswegen hat Jesus sie eines Tages offen darauf angesprochen. Sie sollten rechtzeitig wissen, wohin der Weg führt, auf dem sie da mit ihm gingen. Also sagte Jesus zu ihnen: Wir gehen nach Jerusalem. Dort werden sie mir viel Leid antun, ja mich töten. Aber nach drei Tagen werde ich auferstehen. Da schauten ihn die Jünger erschrocken an. Nein! rief Petrus entsetzt, das darf nicht sein! Die Perspektive des Kreuzes war ihm ein Ärgernis. Aber Jesus wurde sehr ernst: Es muss so sein; Gott will es. (vgl. Matthäus 16,21-23) Sie hatten Angst vor dem, was da in Jerusalem auf Jesus und auf sie selber zukommen würde. Zu solchen Plänen Gottes konnten sie nicht versöhnt Ja sagen.

Vorab schon hatte Jesus deshalb zu allen gesagt: Wer den Weg mit mir gehen will, der soll sich gut überlegen, was er mit seinem Leben will und wofür und wogegen er steht – wozu er Ja und wozu er Nein sagt. (vgl. Matthäus 16,24-25) Wer allerdings sich für ihn entscheiden würde und für eine Teilnahme an seiner Lebensweise, der dürfe sicher sein, mehr als ein reich erfülltes Leben zu finden. Er selber werde ja drei Tage nach seiner Tötung auferstehen. Mit dem Wort von der Auferstehung konnten sie aber damals noch nichts anfangen. (vgl. Markus 9,32)

Zweifel blieben, ob dieser riskante Lebensweg wirklich ihre Sache ist. Unsicherheit blieb, ob sie dieser Art von „Gottes Reich" und den damit verbundenen großen Zusagen von Gottes Menschenliebe trauen können. Ihre Angst blieb ihnen. Trotzdem gingen sie weiter mit Jesus.

Und ein paar Tage später geschah dann auf dem Berg, was dieser Abschnitt aus dem Evangelium erzählt. Sicher wollte Jesus damit seinen Jüngern mehr Klarheit in ihre Angst bringen. So nimmt er schon mal drei von ihnen beiseite für eine eigene gemeinsame Zeit mit ihnen. Vielleicht meint Jesus, diesen dreien kann er es schon am ehesten zutrauen, dass sie trotz ihrer Angst dem Weg mit Jesus ehrlich zustimmen – und zu wissen, warum sie das tun.

Was diese drei da mit Jesus erleben, das soll auch uns

heutigen Menschen gerade für die Wegstrecken, die uns Angst machen, das Evangelium dieser Sonntags-Etappe sein: Statt der schwarzen, bedrohlichen Wolke, durch die hindurch sie erst einmal nur den Weg nach Jerusalem sehen können, - eben in schwarz - , lässt Jesus sie das Ganze im Licht der Bibel neu betrachten:

Mose und Elija. Deren Lebenswege waren den Jüngern von Jesus sehr wohl vertraut, und da gab es deutliche Ähnlichkeiten mit diesem Weg nach Jerusalem:

Mose: Er hatte eines Tages gesehen, wie ein ägyptischer Aufseher einen Israeliten schlug. Mose, sehr zornig darüber, erschlug den Ägypter. Der Pharao erfuhr davon und wollte Mose töten. Mose aber floh in die Wüste. Einige Zeit später erschien ihm Gott auf wunderbare Weise am Berg Horeb am Sinai. Gott sprach zu Mose: „Ich habe das Elend meines Volkes in Ägypten gesehen. Ich habe gesehen, wie die Ägypter sie unterdrücken. Ich will sie der Hand der Ägypter entreißen ... Deshalb geh! Ich sende dich zum Pharao. Führe mein Volk, die Israeliten, aus Ägypten heraus!" Mose machte zwar viele Einwände dagegen geltend. Natürlich hatte er Angst. Aber schließlich machte er sich auf den Weg und ging durch die Wüste zurück nach Ägypten zum Pharao. (vgl. Exodus 3 und 4) - Ein problematischer, riskanter Weg! Und er war mühsam und dauerte lang, war gepflastert mit Zweifeln und Ängsten. Aber mit was für einem wunderbaren, unglaublichen Ergebnis, weil Mose und so viele mit ihm gemeinsam Gottes Zusagen traute: Menschenwürdiges, erfülltes Leben für alle, die Auferstehung des ganzen Volkes! Grundmuster für Ostern!

Und Elija: Aus der Zeit des Königs Ahab. Unter dessen Führung brachen die Israeliten den Bund, den Gott mit ihnen geschlossen hatte, und töteten seine Propheten. Elija war der einzige Prophet, der am Leben geblieben war. Und der forderte mit leidenschaftlichem Eifer Israel und seinen König heraus: Nicht Macht und Reichtum sollten sie vergötzen und anbeten;

allein auf den Gott Israels sollten sie hören. Elija wurde natürlich gesucht und verfolgt, aber er konnte seinen Verfolgern entkommen. Und immer wieder sorgte Gott in wunderbarer Weise für ihn. Da erging eines Tages das Wort des Herrn an Elija: „Geh zu König Ahab!" Tatsächlich machte sich Elija auf den Weg, und wieder sorgte Gott dafür, dass Ahab ihm nichts antat. Aber Isebel, die Frau des Königs, wütete rasend und trachtete danach, Elija töten zu lassen. Verzweifelt wie er war, floh Elija in die Wüste und wünschte sich den Tod. Aber ein Engel Gottes bewegte ihn: „Steh auf, iss und trink, fürchte dich nicht!" Elija wanderte bis zum Berg Horeb am Sinai. Und dort sagte Gott zu ihm: „Geh deinen Weg durch die Wüste zurück, und tue, was ich dir sage." (vgl. 1 Könige 17 bis 19)

Mose und Elija hatten also beide Erfahrungen mit dem Ruf Gottes aus Vertrautem heraus und auf Angst erregende neue Wege.

Ja, von Mose und Elija her, von Gesetz und Propheten – von der Bibel her – neu beleuchtet, erkennen die Jünger von Jesus auf dem Berg der Verklärung blitzartig das Herrliche, das Gott gerade auf diesem Weg für die ganze Menschheit in die Wege leitet. So lassen sie sich mit Gott und seinen Plänen versöhnen. – Vorläufig!

Die Brille der Angst einen Augenblick lang abgenommen – das ergibt eine ganz neue Sicht: Klarheit. Licht. Verklärung. Klarheit für alle Kreuz-, Leidens- und Todeswege. Klarheit besonders für alle Menschen, die – wie Abraham – ihre Sicherheiten verlassen und ausziehen, um mit Jesus Gottes Heils-Willen für die Menschen zu erfüllen.

Das will Gott uns heute mit diesem Evangelium sagen. Schon Papst Leo der Große im 5. Jahrhundert sagte: „Bei dieser Verklärung ging es vor allem darum, das Ärgernis des Kreuzes aus dem Herzen der Jünger zu nehmen." [2]

Gott möchte uns gerne beistehen, dass wir in den verbleibenden 5 Wochen bis zur Erneuerung unseres Taufbekenntnisses in der Feier der Osternacht wieder neue Klarheit finden: welcher

Angst wir ausweichen wollen oder nicht; wofür wir sind und wofür nicht; wogegen wir uns bekennen und wozu wir uns bekennen; was auf unsern Widerspruch stößt und was unsern Glauben antrifft. – Dieser Weg mit ihm: Kann ich das? Will ich das?

Er möchte so gerne, dass wir seiner Einladung wirklich trauen, dass wir uns vertrauend und versöhnt „dem öffnen, was (da) von Gott her kommen will" (Guardini) und dass wir unser Ja erneuern zum Weg mit ihm durch das Leben – im frohen Bewusstsein: Das ist mein „Ding", mein Weg in ein immer erfüllteres Leben!

„Auf ihn sollt ihr hören!"

„Steht auf, habt keine Angst!"

„... der nehme sein Kreuz auf sich" ?

„Wer mein Jünger sein will, ... nehme sein Kreuz auf sich ..." Das überliefern die Evangelien gleichlautend als Worte von Jesus (Matthäus 16,24; Markus 8,34; Lukas 9,23). Was heißt das: sein Kreuz auf sich nehmen?

An eben einem solchen „2. Fastensonntag" (2009) nannte der junge Priester in seiner Predigt – in einem Verständnis, wie es weit verbreitet ist – einige Beispiele: Der eine Mensch müsse sein Kreuz tragen als jemand, der sich mit dem Ehepartner schwer tut, ein anderer als erfolglos Arbeitsuchender, als pflegender Angehöriger, ... Andere nennen dann: eine schwere Krankheit, den Tod eines nahe stehenden Menschen, ... Meistens wird aber nicht gesagt, worin es – als sein Jünger – Jesus auf seinem Weg nachzufolgen gilt: als Zeuge für das Reich Gottes – was ganz schön riskant werden kann.

Diese verbreitete kirchliche Verkündigung verfestigt ein dreifaches Problem:

1. Das Leid der Leidenden: Wer ein Leid-Paket zu tragen hat (der Volksmund sagt „ein Kreuz zu tragen hat"), hört: Man muss es halt ertragen. – Ein solcher moralischer Appell hilft niemandem. Und ihn befolgen zu wollen, ist strapaziös, setzt manchmal eine wahre Heldenhaftigkeit voraus. Solche „Verkündigung" ist zum Scheitern vorprogrammiert und bringt dem, der sich da überfordert oder allein gelassen sieht, nur ein zusätzliches Problem in Gestalt von Schuldgefühlen. Verschwiegen wird dabei die eigentliche Botschaft an alle Leidenden: „Er heilt die gebrochenen Herzen und verbindet ihre schmerzenden Wunden." (Psalm 147,3)

2. Das Leid der Zeugen für Jesus: Die eigentliche Botschaft dieses Sonntags von der „Verklärung" (von der herrlichen Klarstellung) wird hier also vorenthalten: die Zusage, die Jesus denen macht, die das „Kreuz" auf sich nehmen: „Wer sein Leben um meinetwillen und um des Evangeliums willen verliert, wird es retten"! Also: Wer seine Vorstellung vom eigenen Leben in Frage stellen lässt, seine Lebensweise neu an Jesus orientiert und deshalb als sein Zeuge mit ihm geht – und wer damit heute denselben „Ärger" bekommt wie Jesus (bei ihm war das der Tod am Kreuz), – diesen Menschen bestärkt Jesus: Gerade dieser Weg eröffnet die Chance eines wahrhaft erfüllten Lebens, bringt Anteil an seiner Auferstehung!

3. Das Scheitern von Kirche: Das Profil einer Gemeinschaft von Menschen, die mit ihrem Leben auf den Spuren von Jesus das kommende Reich Gottes bezeugen (und dem entsprechend das Kreuz bewusst auf sich zeichnen!), fällt unter den Tisch. Also Fehlanzeige, wenn es um die Hoffnung für alle die gehen soll, denen ein Leben in Frieden und Gerechtigkeit bedroht oder gar vorenthalten wird.

„Auf ihn sollt ihr hören!" - „Steht auf, habt keine Angst!"

Ist das mein Weg?

[1] Romano Guardini (+ 1968), Der Herr – gemäß 2. Lesung der Lesehore zum Fest der Taufe Christi / Jahr II (Lektionar zum Stundenbuch, Heft II/1, Seite 216

[2] Leo der Große (+ 461), Aus einer Predigt in der Fastenzeit - gemäß 2. Lesung der Lesehore zum 2. Sonntag in der Fastenzeit / Jahr II (Lektionar zum Stundenbuch, Heft II/2, Seite 58)

3 „Er ist wirklich der Retter.“ Lasse ich mich darauf ein?

In jener Zeit kam Jesus zu einem Ort in Samarien, der Sychar hieß und nahe bei dem Grundstück lag, das Jakob seinem Sohn Josef vermacht hatte. Dort befand sich der Jakobsbrunnen. Jesus war müde von der Reise und setzte sich daher an den Brunnen; es war um die sechste Stunde. Da kam eine samaritische Frau, um Wasser zu schöpfen. Jesus sagte zu ihr: Gib mir zu trinken. ... Die samaritische Frau sagte zu ihm: Wie kannst du als Jude mich, eine Samariterin, um Wasser bitten? Die Juden verkehren nämlich nicht mit den Samaritern. Jesus antwortete ihr: Wenn du wüsstest, worin die Gabe Gottes besteht und wer es ist, der zu dir sagt: Gib mir zu trinken!, dann hättest du ihn gebeten, und er hätte dir lebendiges Wasser gegeben. Sie sagte zu ihm: Herr, du hast kein Schöpfgefäß, und der Brunnen ist tief; woher hast du also das lebendige Wasser? Bist du etwa größer als unser Vater Jakob, der uns den Brunnen gegeben und selbst daraus getrunken hat, wie seine Söhne und seine Herden? Jesus antwortete ihr: Wer von diesem Wasser trinkt, wird wieder Durst bekommen; wer aber von dem Wasser trinkt, das ich ihm geben werde, wird niemals mehr Durst haben; vielmehr wird das Wasser, das ich ihm gebe, in ihm zur sprudelnden Quelle werden, deren Wasser ewiges Leben schenkt.

Da sagte die Frau zu ihm: Herr, gib mir dieses Wasser, damit ich keinen Durst mehr habe und nicht mehr hierher kommen muss, um Wasser zu schöpfen. Er sagte zu ihr: Geh, ruf deinen Mann und komm wieder her! Die Frau antwortete: Ich habe keinen Mann. Jesus sagte zu ihr: Du hast richtig gesagt: Ich habe keinen Mann. Denn fünf Männer hast du gehabt und der, den du jetzt hast, ist nicht dein Mann. Damit hast du die

Wahrheit gesagt. Die Frau sagte zu ihm: Herr, ich sehe, dass du ein Prophet bist. ... Ich weiß, dass der Messias kommt, das ist: der Gesalbte (Christus). Wenn er kommt, wird er uns alles verkünden. Da sagte Jesus zu ihr: Ich bin es, ich, der mit dir spricht. ... Da ließ die Frau ihren Wasserkrug stehen, eilte in den Ort und sagte zu den Leuten: Kommt her, seht, da ist ein Mann, der mir alles gesagt hat, was ich getan habe: Ist er vielleicht der Messias?

Da liefen sie hinaus aus dem Ort und gingen zu Jesus. ... Viele Samariter aus jenem Ort kamen zum Glauben an Jesus auf das Wort der Frau hin, die bezeugt hatte: Er hat mir alles gesagt, was ich getan habe. Als die Samariter zu ihm kamen, baten sie ihn, bei ihnen zu bleiben; und er blieb dort zwei Tage.

Und noch viel mehr Leute kamen zum Glauben an ihn aufgrund seiner eigenen Worte. Und zu der Frau sagten sie: Nicht mehr aufgrund deiner Aussage glauben wir, sondern weil wir ihn selbst gehört haben und nun wissen: Er ist wirklich der Retter der Welt.

(Johannes 4,5-7.9-19.25-26.28-30.39-42)

Der Retter der Welt. „Wirklich." Auch heute? Wo?!

Wie können wir so etwas erleben, dass wir sagen können: Er ist wirklich der Retter der Welt?

Ich denke an Menschen aus meiner näheren Umgebung, von denen ich weiß, dass sie unter ganz dicken Problemen leiden und dabei keine Rettung sehen können. Und ich denke an so vieles, was ich aus Zeitung und Fernsehen mitbekomme: an Menschen, die leider nicht gerettet worden sind. Und viele andere sind auch in Gefahr, nicht mehr gerettet zu werden.

Und da werde ich natürlich in meinem Inneren sehr unruhig: Das will ich doch sehen! Wenn er wirklich der Retter der Welt ist, dann muss ich das sehen, dann muss sich das heute zeigen, und zwar sowohl für die, die ich persönlich kenne mit ihren Problemen, als auch bei denen, die mir das Fernsehen und die Tageszeitung auftischen. Offensichtlich ist das ja ein Kernsatz in diesem Evangelium heute: Er, Jesus von Nazareth, der Christus, ist wirklich der Retter der Welt. Daran entscheidet sich wohl alles. Zentral. Wie stehe ich dazu?

Vertraue ich überhaupt darauf, dass Christus heute lebendig handelt? „Wirklich"?

Ja, auch unsereins – wir „wissen", dass der Christus gestorben ist und auferstanden ist. Das „glauben" wir. So wie die Frau: Jaja, ich weiß, da ist irgendwo mal was vom Messias gesagt worden; ich weiß, der Messias kommt. Irgendwo hat man das mal gelernt; im Hinterkopf ist das im Speicher noch drinnen.

Aber wo kommt es im Leben vor?

Und wenn in der Kirche heute zu hören ist: Wir sind der lebendige, der leibhaftige Christus – mit so vielen Gliedern an seinem Leib ... ! Nur – das ist so selten zu erleben!

Manche sagen ja vielleicht noch – in Erinnerung an frühere „Volksmissionen": „Rette deine Seele!", gehen vorsichtshalber möglichst oft in die Kirche. Um gerettet zu werden. Fahrkarte in den Himmel? Vielleicht vertrösten sich manche noch mit so einem Gedanken, der ihnen früher einmal angelernt worden ist, und geben sich damit zufrieden. Und denken nicht mehr an die Welt, deren Retter der Christus sein will – nein: ist – „wirklich"!

Menschen, die sich – möglichst gemeinsam – den Einwirkungen eines solchen Bibel-Wortes stellen wie diesem Abschnitt aus dem Johannes-Evangelium, (der immer wieder am 3. Sonntag der Zeit auf Ostern zu das Zentrum sein will) ... – Menschen also, die sich der Begegnung stellen, der vertrauensvollen Auseinandersetzung mit dem, der da selber als Gottes eigenes Wort sich zuspricht, ... sie haben die Chance, dasselbe zu erleben wie die hier vorgestellte Frau. (Die Kirche der Gemeinde, in der wir uns immer wieder dieser Begegnung geöffnet haben, steht sogar an einer „Jakobsbrunnenstraße"!) An diesem „Brunnen" kann man schöpfen. Trinken. „Lebendiges Wasser"!

Wie?

Schauen wir genauer hin: Wie wird das beschrieben, was an diesem Modellbeispiel geschehen ist, wie das abgelaufen ist? Das müsste doch dann auch die Antwort sein auf die Frage: Was haben wir denn heute zu erwarten, wann immer dieser Christus in unserer Mitte da ist? Wird er nicht heute in gleicher Weise handeln wie damals?

Also – es geht los – „um die 6. Stunde". Mittagshitze! Kein Mensch geht im Orient in dieser Zeit auf die Straße!

Aber diese Frau geht Wasser holen, eine schwere Last tragen. Offensichtlich weil sie sich zu einer anderen Zeit nicht traut. Kein Wunder: Wer so lebt, kann sich nicht blicken lassen bei den Leuten. Das ist ja so eine! Fünf Männer ...

Sie geht also in der Hitze da hin. Und da trifft sie einen Mann, einen Ausländer, einen Juden. Die mit den Samaritern nicht verkehren. Ein Jude in Samarien!

Und der spricht sie an.

Das muss aber auch ein zweifelhafter Typ sein, der als Mann in der Öffentlichkeit eine Frau anredet. Was will der hier eigentlich?

Die Frau lässt sich auf die Begegnung ein. Was geschieht?

Jesus nimmt die Frau wahr. Ohne sie zu beurteilen. Sie kann einfach da sein mit ihrer ganzen Person: mit ihrer Lebenssituation, mit allem, was war und was jetzt ist. Er hat ein so waches Auge für diese Frau, einen so klaren Blick für sie, dass er im Lauf des Gesprächs sehr schnell merkt, wie es ihr geht, wie es um sie steht, in welchem Zustand ihr Leben ist: dass sie wie in einem Gefängnis lebt und sich nicht mehr trauen kann, unter die Leute zu gehen, und so weiter – und merkt ganz schnell, was die eigentliche Ursache dafür ist. Und er kann es ohne jegliche Aufgeregtheit der Frau sagen: Aha, das und das ist mit dir los. Und dann – kein Wort der Verurteilung! Überhaupt kein bewertendes Wort! Nur einfach: Er beschreibt und teilt der Frau damit mit: Ich hab dich gesehen, ich hab dich wahrgenommen. – Dieses Erlebnis ist für die Frau revolutionär!

Und das ist dann für sie offensichtlich auch das „lebendige Wasser". Nachdem sie davon getrunken hat, hat sie keinen Durst mehr. Sie lässt ihren Krug einfach stehen. In dem Bewusstsein:

Sie braucht ihn nicht mehr. Sie erkennt ihn: den Retter, den „Messias". Und nicht nur, weil sie da mal etwas gelernt hat, etwas „weiß", sondern weil sie ihn erlebt hat. Jetzt ist sie ja gerettet.

Jetzt ist sie gerettet! Da hat einer ihr wieder – einfach indem er sie angeschaut, „angesehen" hat – hat er ihr das verlorene Ansehen wiedergegeben. Und sie weiß wieder: Ich bin wer – genau wie jeder andere Mensch. Und die Leute im Ort, dass sie mich immer nur dumm anmachen, das ist für mich jetzt völlig unwichtig geworden. Ich weiß wieder, wer ich bin.

Und so ist sie nicht nur bei ihm anerkannt, fühlt sich nicht nur von ihm angenommen. Sondern da ist auch ihre Angst vor den Anderen verflogen: Sie läuft ja im Hellen zurück in den Ort und trommelt die Leute zusammen. Die Leute, die sie vorher so gemieden hat! Und wenn ich mir vorstelle, wie die Leute dann reagieren: Das ist doch die! Was, die soll sich gefälligst mal zurückhalten und nicht auch noch öffentlich hier herumbrüllen! – Nein! Statt dessen: Die lassen sich von ihr etwas sagen! Die lassen sich auf die Beine bringen von „der da". Offensichtlich ist sie eine ganz Andere geworden. Sie hat sich so verändert, dass ihre Umgebung sich verändert. Oder – wie Jesus es im Evangelium sagt – sie wird selber zu einer sprudelnden Quelle. Ja, sie sprudelt es heraus!

Und da können auch die Anderen im Ort „trinken". Und sie lassen sich tatsächlich hinterm Ofen hervor locken und gehen tatsächlich raus! Was ist das für eine Erfahrung für die Frau, wer sie ist und wie wichtig sie ist! Die Vergangenheit? Schnurzpiepe egal. Jetzt ist Zukunft angesagt und Leben! Sie ist gerettet! Und an dieser Frau wird wirklich für die Anderen sichtbar, dass sie gerettet ist. Nicht nur sie für sich weiß jetzt: Ich bin gerettet. Sondern alle kriegen es mit. Diese Begegnung mit Jesus packt ihr ganzes Leben. Ihm so zu begegnen, sich dieser Begegnung so ganz und gar zu stellen, das ist ihr Glaube. Und so ein Glaube – so formuliert es der Evangelist – zum „Glauben" an Jesus kamen noch viele mehr. Zunächst durch das Zeugnis dieser Frau. Erstaunlicherweise.

Und jetzt frage ich mich wieder: Wie kann das mit uns geschehen – eine solche „Jakobsbrunnen"-Erfahrung?

Da ist das „Wasser". Dieses Wasser erst mal haben wollen. Und dann das Wasser bekommen und übersprudeln. Wie geht das? Was will da geschehen?

„Wenn du wüsstest, was die Gabe Gottes ist, ..." Katholisch sozialisierte Menschen kennen das von irgendwoher: „die Gabe Gottes". Wo nur hab ich das schon mal gehört? Die „Gabe Gottes" – Sie erinnern sich?

„Den Heiligen Geist." – „Sei besiegelt mit der Gabe Gottes, dem Heiligen Geist." Dem Heiligen Geist. Also dem wirklichen (= wirkenden) von Gott geschenkten, weil ihm eigenen Lebensatem. Das was einen Menschen beseelt, was vom Heil Gottes her seine Kraft bezieht. Gottes eigener Geist, Gottes eigenes Leben ist die Gabe Gottes. Und damit „sei besiegelt", heißt es im Sakraments-Ritus der Firmung.

Und „wenn du wüsstest, was die Gabe Gottes ist, dann hättest du", sagt Jesus zu der Frau, „ihn gebeten", also – sagt er – „mich" gebeten. Um dieses „Wasser". **Das** mehr als alles Andere wollen – kann man auch sagen – , das ist der Glaube. Darauf mein Leben gründen.

Und das ist die Frage in den Wochen vor Ostern: Trifft das für mich zu? Will ich, dass das für mich zutrifft?

Die Entscheidung zur Erneuerung meines Taufbekenntnisses, meines Tauf„versprechens", zu dessen Klärung wir in diesen Wochen aufgerufen sind – das ist die Frage: Kann ich mich darauf einlassen? Und will ich darauf mein Leben gründen – auf ihn als den „Retter der Welt"? So jedenfalls lautet am Ende das Bekenntnis der Leute aus dem Ort Sychar in Samarien.

Und wenn ich daran denke, wie wichtig in ihrer symbolischen Aussagekraft dem Verfasser des Johannes-Evangeliums immer wieder kleine, leicht übersehbare Details – wie etwa Zeitangaben – sind, lässt mich eine Beobachtung nicht los:

Die Begegnung in diesem Evangeliums-Abschnitt beginnt „um die sechste Stunde". Das ist nicht nur die Mittagshitze; das ist bei Johannes auch ausdrücklich die Stunde, in der Jesus der Kreuzigung übergeben wird (Johannes 19,14-16). Und dann heißt es hier ziemlich zum Schluss: „Er blieb zwei Tage." Und das kennen wir auch – diese „zwei Tage". Nach der in der Bibel üblichen Zählweise sprechen also die Leute am dritten Tag ihr Bekenntnis aus. „Am dritten Tag". Das ist der Tag der Auferstehung. Will etwa der Evangelist hier betonen: Diese ganze Neubelebung mit Gottes eigenem Lebensatem geschieht in der „ganzheitlichen" Bereitschaft zum Drangeben alles Bisherigen und zur Begegnung mit Jesus in dessen Lebensdynamik zwischen Kreuzigung und Auferstehung?

Die Dynamik zwischen Karfreitag (der ja mit dem Vorabend, also mit dem Gründonnerstag Abend anfängt) und Osternacht! Am Ende bekennen sich die Leute, die sich der Begegnung gestellt und das erlebt haben, zum Glauben als Grundlage für ein Leben als getaufte Christen.

4 Sehend werden?

Die letzten drei „Fastensonntage" sind als Etappen angelegt zur Vorbereitung auf die Taufe in der Osternacht beziehungsweise zur Vorbereitung auf das Taufgedächtnis in der Osternacht und auf die Erneuerung des Taufversprechens. Von da her sind die Evangelien-Abschnitte ausgewählt: Sie beschreiben Gottes Wirklichkeit, in die Menschen integriert werden, wenn sie sich eingliedern lassen in die Gemeinschaft der an Christus Glaubenden – in Taufe, Firmung, Eucharistie. Diese Etappen wollen helfen, der Gefahr zu begegnen, der Menschen immer wieder unterliegen: der Gefahr der Gleichgültigkeit, der reinen Äußerlichkeit oder der Gedankenlosigkeit in unserem Christ-Sein und in dem, was wir als Christen tun.

Für den 4. Fastensonntag bietet die altbewährte Tradition eine Beispiel-Erzählung aus dem Johannes-Evangelium. **Wir** sind das Thema. **Ein** Mensch wird als Beispiel hingestellt. Von ihm wird gesagt, er sei „blind geboren". Außerdem geht es um die Menschen in seiner Umgebung in dieser Erzählung – also für uns um die Menschen in unserer Umgebung. Und natürlich geht es um Jesus, um den, der handelt:

In jener Zeit sah Jesus unterwegs einen Mann, der seit seiner Geburt blind war.

Jesus spuckte auf die Erde; dann machte er mit dem Speichel einen Teig, strich ihn dem Blinden auf die Augen und sagte zu ihm: Geh und wasch dich in dem Teich Schiloach! Schiloach heißt übersetzt: Der Gesandte. Der Mann ging fort und wusch sich. Und als er zurückkam, konnte er sehen.

Die Nachbarn und andere, die ihn früher als Bettler gesehen hatten, sagten: Ist das nicht der Mann, der dasaß und bettelte? Einige sagten: Er ist es. Andere meinten: Nein, er sieht ihm nur ähnlich. Er selbst aber sagte: Ich bin es. Da fragten sie ihn: Wie sind deine Augen geöffnet worden? Er antwortete: Der Mann, der Jesus heißt, machte einen Teig, bestrich damit meine Augen und sagte zu mir: Geh zum Schiloach und wasch dich! Ich ging hin, wusch mich und konnte sehen. Sie fragten ihn: Wo ist er? Er sagte: Ich weiß es nicht. Da brachten sie den Mann, der blind gewesen war, zu den Pharisäern.

Es war aber Sabbat an dem Tag, als Jesus den Teig gemacht und ihm die Augen geöffnet hatte. Auch die Pharisäer fragten ihn, wie er sehend geworden sei. Der Mann antwortete ihnen: Er legte mir einen Teig auf die Augen; dann wusch ich mich und jetzt kann ich sehen. Einige der Pharisäer meinten: Dieser Mensch kann nicht von Gott sein, weil er den Sabbat nicht hält. Andere aber sagten: Wie kann ein Sünder solche Zeichen tun? So entstand eine Spaltung unter ihnen. Da fragten sie den Blinden noch einmal: Was sagst du selbst über ihn? Er hat doch deine Augen geöffnet. Der Mann antwortete: Er ist ein Prophet. Die Juden aber wollten nicht glauben, dass er blind gewesen und sehend geworden war. Daher riefen sie die Eltern des Geheilten und fragten sie: Ist das euer Sohn, von dem ihr behauptet, dass er blind geboren wurde? Wie kommt es, dass er jetzt sehen kann? Seine Eltern antworteten: Wir wissen, dass er unser Sohn ist und dass er blind geboren wurde. Wie es kommt, dass er jetzt sehen kann, das wissen wir nicht. Und wer seine Augen geöffnet hat, das wissen wir auch nicht. Fragt doch ihn selbst, er ist alt genug und kann selbst für sich sprechen. Das sagten seine Eltern, weil sie sich vor den Juden fürchteten; denn die Juden hatten schon beschlossen, jeden, der ihn als den Messias bekenne, aus der Synagoge auszustoßen. Deswegen sagten seine Eltern: Er ist alt genug, fragt doch ihn selbst. Da riefen die Pharisäer den Mann, der blind gewesen war, zum zweiten Mal und sagten zu ihm: Gib Gott die Ehre! Wir wissen, dass dieser Mensch ein Sünder ist. Er antwortete: Ob er ein Sünder ist, weiß ich nicht. Nur das eine weiß ich, dass ich blind war und jetzt sehen kann. Sie fragten ihn: Was hat er mit dir gemacht? Wie hat er deine Augen geöffnet? Er antwortete ihnen: Ich habe es euch bereits gesagt, aber ihr habt nicht gehört. Warum wollt ihr es noch einmal hören? Wollt auch ihr seine Jünger werden? Da beschimpften sie ihn: Du bist ein Jünger dieses Menschen; wir aber sind Jünger des Mose. Wir wissen, dass zu Mose Gott gesprochen hat; aber von dem da wissen wir nicht, woher er kommt. Der Mann antwortete ihnen: Darin liegt ja das Erstaunliche, dass ihr nicht wisst, woher er kommt; dabei hat er doch meine Augen geöffnet. Wir wissen, dass Gott einen Sünder nicht erhört; wer aber Gott fürchtet und seinen Willen tut, den erhört er. Noch nie hat man gehört, dass jemand die Augen eines Blindgeborenen geöffnet hat. Wenn dieser Mensch nicht von Gott wäre, dann hätte er gewiss nichts ausrichten können. Sie entgegneten ihm: Du bist ganz und gar in Sünden geboren und du willst uns belehren? Und sie stießen ihn hinaus.

Jesus hörte, dass sie ihn hinausgestoßen hatten, und als er ihn traf, sagte er zu ihm: Glaubst du an den Menschensohn? Der Mann antwortete: Wer ist das, Herr? Sag es mir, damit ich an ihn glaube. Jesus sagte zu ihm: Du siehst ihn vor dir; er, der mit dir redet, ist es. Er aber sagte: Ich glaube, Herr! Und er warf sich vor ihm nieder. (Johannes 9,1.6-38)

Von Geburt an blind. Von Natur blind. Dieser eine. Wir. Das ist eine große Not. Er ist ein Bettler. Und er sieht weder eine Perspektive für sein Leben – er, der eine – wir? – , noch sieht er, was eigentlich läuft um ihn herum; geschweige denn, dass er den sehen könnte, der von Gott den Menschen das wirkliche Heil für dieses Leben bringt. Das soll ein „Leben" sein?

Und was geschieht nun eigentlich? Was ist das Wesentliche, was Gott in Jesus dem Menschen antut?

Nun, Jesus wird hier in der symbolischen Erzählung als von Gott Kommender legitimiert, indem er den Namen „der Gesandte" bekommt, allerdings ein wenig verfremdet: Der Teich wird „der Gesandte" genannt, weil ja der Evangelist die Taufe, also das Wasser im Blick hat, das Wasser, mit dem der Mensch sich wäscht. „Der Gesandte", hebräisch „Schiloach".

Das Eigentliche, wie es hier beschrieben wird: Der von Natur aus blinde Mensch bekommt geschenkt, dass er aus seiner Not befreit wird, dass er nämlich ***sieht***: die Perspektive für sein Leben; dass er die Wirklichkeit um sich herum ***sieht*** und dass er deshalb kein Bettlerdasein mehr fristen muss. Er ***sieht*** den, der von Gott das Heil bringt.

Nun gibt es um diesen Blindgeborenen des Evangeliums herum eine ganze Anzahl von Menschen:

Da ist einmal die Gruppe der Pharisäer: eine Religionsgemeinschaft, deren Mitglieder sich mit Hilfe der Erfüllung einer bestimmten Zahl von frommen Regeln für wenige bestimmte Bereiche des Lebens Selbstzufriedenheit verschaffen; zum Beispiel indem sie mit Berufung auf den Gott der Bibel zu den wöchentlichen Gottesdiensten zusammenkommen; dass sie sich nach dem Einkaufen die Hände waschen; dass sie die täglichen Gebete verrichten; dass sie an den vorgeschriebenen Tagen fasten, am Sabbat nicht arbeiten, die Kinder beschneiden – das wäre bei uns die Taufe – und nach entsprechendem Unterricht in dem angemessenen Alter – oder besser gesagt: im vorgeschriebenen Alter zur Bundesfeier gehen lassen; indem sie die vorgeschriebene Kirchensteuer zahlen und außerdem keine Verbrechen begehen. Außerdem verlangen sie von allen Anderen, dass die sich ebenso streng an ihre Regeln halten sollen. Und da sie im Volk viel Macht haben, bekommt ***der*** sehr deutlich die Nachteile zu spüren, der sich nicht an ihre Regeln hält. Und wehe dem, der es sich anmaßt, ihre Regeln in Frage zu stellen oder auf ihren Sinn hin zu relativieren! Wehe dem, der aufdeckt, dass sie die Regeln als Instrument der Unterdrückung nutzen und so den Menschen die Freiheit nehmen!

Genau das aber tut Jesus: Sabbat ist es, und da macht er eine Arbeit. Bei strengster Strafe verboten: Er heilt den blinden Menschen, schenkt ihm die Freiheit. Für ihn ist dieses Gesetz, am Sabbat nicht zu arbeiten, schon sinnvoll und es gilt für ihn. Aber der Sinn, der hinter diesem Gesetz steht, ist für ihn noch viel wichtiger: Der Wille Gottes, der, um die Menschen zu seinem Willen hin zu führen, diese Gesetze gegeben hat, der ist ihm viel wichtiger. Und dieser Wille Gottes ist nichts Anderes, als dass die Menschen ***sehend leben***, frei werden. Diese Pharisäer sehen nicht; sie sind eben auch Blindgeborene. Sie sehen nicht, was Gott durch diesen Jesus tut. Sie „wollten nicht glauben", sagt der Evangelist. Sie wollten nicht glauben, weil sie lieber an der Sicherheit oder auch Selbstsicherheit des Altvertrauten strikt festhalten und also ***daran*** glauben wollten. Und so bleiben sie blind.

Da sind noch andere Menschen: die Nachbarn, also Menschen, die diesen einen sehr wohl kannten. Aber sie nehmen nur die Sensation wahr. Und dann stellen sie einfach die Tatsachen in Frage. Nur ja nicht sich hineinziehen lassen! So können sie ihre Gleichgültigkeit gegenüber dem, was eigentlich geschehen ist, sich bewahren. Sie sagen einfach: Nein nein, das ist ein Fremder, das ist doch gar nicht der, der als Bettler, als Blinder, hier immer gesessen hat. Obwohl sie Nachbarn sind, wie der Evangelist betont.

Sie verleugnen die Wirklichkeit. Sie sind eben blind für die Wirklichkeit. Sie ersparen sich so die Auseinandersetzung. Sie brauchen auf diesem Weg nicht Stellung zu beziehen.

Und dann sind noch andere da. Im Beispiel dieser Erzählung sind es die Eltern des Blindgeborenen. Der Evangelist sagt ganz klar, warum sie sich so verhalten: Sie fürchten sich. Denn wenn sie Rede und Antwort stehen, wenn sie also sich da hinein ziehen lassen, dann könnten sie ihre Anerkennung verlieren, sie könnten ein „Kreuz" aufgeladen bekommen, sie könnten abgelehnt und ausgestoßen werden aus der Gemeinde. Sie wollen lieber bequem in Frieden gelassen werden. Deswegen sagen sie zu den Pharisäern: Haltet euch doch an ihn selbst, wenn ihr etwas über ihn wissen wollt. Auch sie bleiben blind. Und ihren

Sohn lassen sie allein in der Auseinandersetzung.

Also konzentriert sich alles auf ihn, der sehend geworden ist. Und wie verläuft die Auseinandersetzung? – Angesichts der Versuche der Nachbarn, die Wirklichkeit nicht zur Kenntnis zu nehmen, schockt er sie mit seinem Bekenntnis: Ich bin es. Ich – jetzt sehend – bin der, den ihr als blinden Bettler kennt. – Er hat auch keine Angst, als arrogant bezeichnet und abgelehnt zu werden. Immerhin, das kann schon arrogant klingen, wenn einer sagt, er sei sehend geworden. Aber er braucht diese Befürchtung, arrogant zu sein, nicht zu haben, denn schließlich weiß er ja: Dass er jetzt sehen kann, das hat er sich nicht selbst gemacht, sondern das hat Jesus ihm geschenkt. Und dann soll er sich auch darüber freuen.

Die nächste Auseinandersetzung, in der er steht, ist die mit den Pharisäern. Sie befragen ihn in einem regelrechten Verhör als Zeugen. Sie möchten ja so gerne diesen Jesus verurteilen. Und der Geheilte wird zum Zeugen für Jesus Christus: Er bezeugt Jesus als den, der den Menschen heil macht, sehend macht, zum Leben befreit. Einige von ihnen werden nachdenklich. Sie ahnen: Was da geschehen ist, ist ein Zeichen Gottes. Die anderen kennen da nichts; für sie gibt es halt nur den Maßstab ihrer Regeln: Na sowas, am hochheiligen Sabbat! Nein, das ist ein Sünder, dieser Jesus! Aber der Geheilte entwickelt eine überraschende Kraft und ein überraschendes Bewusstsein der Überlegenheit: Seine Erfahrung, die er gemacht hat, die Erfahrung, geheilt, sehend geworden zu sein – eine so wichtige Erfahrung, die gibt ihm die Kraft und dieses Bewusstsein, gewichtig geworden zu sein. Er hat ja gesehen, dass dieser Jesus den Pharisäern in der Nähe zu Gott weit überlegen ist. Und so kann er ihnen sagen: „Ich habe es euch doch schon gesagt. Warum fragt ihr mich noch mal? Wollt ihr etwa auch seine Jünger werden?" Und sagt ihnen dann noch mal: „Es ist schon erstaunlich, wenn ihr Pharisäer wisst, dass er mich geheilt hat, und trotzdem nicht wisst, dass er von Gott kommt." Natürliche Reaktion: Sie beschimpfen ihn voller blinder Wut. Blinde (!) Wut.

Schließlich stoßen sie ihn aus. Aber er nimmt es auf sich, sich für seinen Glauben beschimpfen, bedrohen, bestrafen zu lassen. Er kann es aushalten, weil sein Glaube an Jesus ihm die neue Kraftquelle geworden ist. Er ist schon Jesus ziemlich ähnlich geworden; man kann an ihm schon etwas von Jesus erkennen.

Und dann tritt er vor Jesus. Ihm gegenüber bekennt er sich zu ihm – in Übereinstimmung zu dem, wie er sich verhalten hat. Kein Problem für Jesus, das als glaubwürdig anzuerkennen, wenn er ihn nun anbetet und vor ihm niederfällt.

Aus wir wissen nicht welchen Überlieferungen von tatsächlichen Ereignissen hat der Evangelist hier eine symbolische Erzählung gemacht, um zu beschreiben, was es heißt, getauft zu sein und den entsprechenden Glauben in einer nicht an Christus glaubenden oder auch lau gewordenen Umwelt zu leben.

Damit gibt er uns heute Maßstäbe für unsere Besinnung auf eine Erneuerung unseres Taufversprechens.

5 Versöhnt. Will ich da draußen bleiben?

In jener Zeit kamen alle Zöllner und Sünder zu Jesus, um ihn zu hören. Die Pharisäer und die Schriftgelehrten empörten sich darüber und sagten: Er gibt sich mit Sündern ab und isst sogar mit ihnen!

Da erzählte er ihnen ein Gleichnis und sagte:

Ein Mann hatte zwei Söhne. Der jüngere von ihnen sagte zu seinem Vater: Vater, gib mir das Erbteil, das mir zusteht. Da teilte der Vater das Vermögen auf. Nach wenigen Tagen packte der jüngere Sohn alles zusammen und zog in ein fernes Land. Dort führte er ein zügelloses Leben und verschleuderte sein Vermögen. Als er alles durchgebracht hatte, kam eine große Hungersnot über das Land und es ging ihm sehr schlecht. Da ging er zu einem Bürger des Landes und drängte sich ihm auf; der schickte ihn aufs Feld zum Schweinehüten. Er hätte gern seinen Hunger mit den Futterschoten gestillt, die die Schweine fraßen; aber niemand gab ihm davon. Da ging er in sich und sagte: Wie viele Tagelöhner meines Vaters haben mehr als genug zu essen, und ich komme hier vor Hunger um! Ich will aufbrechen und zu meinem Vater gehen und zu ihm sagen: Vater, ich habe mich gegen den Himmel und gegen dich versündigt. Ich bin nicht mehr wert, dein Sohn zu sein; mach mich zu einem deiner Tagelöhner. Dann brach er auf und ging zu seinem Vater.

Der Vater sah ihn schon von weitem kommen und er hatte Mitleid mit ihm. Er lief dem Sohn entgegen, fiel ihm um den Hals und küsste ihn. Da sagte der Sohn: Vater, ich habe mich gegen den Himmel und gegen dich versündigt; ich bin nicht mehr wert, dein Sohn zu sein. Der Vater aber sagte zu seinen Knechten: Holt schnell das beste Gewand und zieht es ihm an, steckt ihm einen Ring an die Hand und zieht ihm Schuhe an. Bringt das Mastkalb her und schlachtet es; wir wollen essen und fröhlich sein. Denn mein Sohn war tot und lebt wieder; er war verloren und ist wiedergefunden worden! Und sie begannen, ein fröhliches Fest zu feiern.

Sein älterer Sohn war unterdessen auf dem Feld. Als er heimging und in die Nähe des Hauses kam, hörte er Musik und Tanz. Da rief er einen der Knechte und fragte, was das bedeuten solle. Der Knecht antwortete: Dein Bruder ist gekommen und dein Vater hat das Mastkalb schlachten lassen, weil er ihn heil und gesund wiederbekommen hat. Da wurde er zornig und wollte nicht hineingehen. Sein Vater aber kam heraus und redete ihm gut zu. Doch er erwiderte dem Vater: So viele Jahre schon diene ich dir, und nie habe ich gegen deinen Willen gehandelt; mir aber hast du nie auch nur einen Ziegenbock geschenkt, damit ich mit meinen Freunden ein Fest feiern konnte. Kaum aber ist der hier gekommen, dein Sohn, der dein Vermögen mit Dirnen durchgebracht hat, da hast du für ihn das Mastkalb geschlachtet! Der Vater antwortete ihm: Mein Kind, du bist immer bei mir, und alles, was mein ist, ist auch dein. Aber jetzt müssen wir uns doch freuen und ein Fest feiern; denn dein Bruder war tot und lebt wieder; er war verloren und ist wiedergefunden worden!

(Lukas 15,1-3.11-32)

Dieser jüngere Sohn! „Es ging ihm sehr schlecht!" Er hatte von der großen Freiheit geträumt, und der Vater hat ihn gelassen. Und dann manövriert er sich in eine Lebenssituation hinein: Sein Elend ist enorm. Um etwas zu beißen zu haben, bleibt ihm nur noch der Ausweg, Schweine zu hüten. Eine Katastrophe für einen Juden! Und noch dazu: Das Futter, von dem die Schweine leben, das hätte er gerne gehabt. Was für ein menschenunwürdiges Leben – in das er sich selber gebracht hatte! Er ist ent-täuscht, die Täuschung ist zu Ende. Es geht ihm sehr schlecht. Das ist seine Wirklichkeit. Und er ist selber schuld dran. Er hat's so gemacht. Er weiß: Er hat sich die Chance selber verscherzt, als Sohn seines Vaters einen Lebensraum zu haben, in dem er sich entfalten könnte. Aus der Ferne hat er aber noch die Ahnung: Also – wenn ich entsprechend auslöffle, was ich mir eingebrockt hab', wenn ich entsprechend schaffe, dann kann ich mir wenigstens ein bisschen was an Lebenschancen neu verdienen – als Tagelöhner bei meinem Vater. Und dann macht er sich auf.

Und dann der Vater: Der sieht ihn schon von weitem kommen! Er nimmt die Füße unter die Arme und rennt los! Mein Sohn ist wieder da! Fällt ihm um den Hals und so weiter. Er, ein orientalischer Familienpatriarch. Es ist würdelos, sich so zu verhalten! Noch dazu gegenüber so einem! – Das ist dem Vater aber egal. Ihn bewegt nur eines: Mein Sohn ist wieder da! Endlich kann er wieder an ihn 'ran, endlich kann er ihn wieder lieben! Endlich kann er ihm wieder ein Lebensraum, ein Ort sein, wo er leben kann! Kein erhobener Zeigefinger, sondern offene Arme! Kein Moralisieren: Siehste, du hättest doch ... Sondern: Du bist wieder da!

Wer in unserem Kulturkreis kennt diese Geschichte nicht! Malerei und Literatur haben sich ihrer oft angenommen. Und unsereins selber spürt das Schöne an dieser Geschichte. Sie lockt die Sehnsucht hervor – verbunden mit der Vorstellung, sich selber am ehesten mit dem jüngeren Sohn – begrenzt – zu identifizieren.

Nun gibt es aber nicht nur Menschen, die das schön finden. Sondern da sind andere, die ärgern sich. Denn sie merken, warum Jesus diese Erzählung dichtet; was er damit will. Er nimmt sie ja als ein Bild dafür, wie Gott sich zum Menschen in Beziehung setzt. Er erzählt ja diese Geschichte als Antwort auf den Ärger der Leute, die von Gott eine ganz andere Vorstellung haben. Er will mit seiner Bildgeschichte deutlich machen, warum er sich so verhält: warum er sich mit Zöllnern und Sündern –

also mit Verfemten – an einen Tisch setzt. Er will deutlich machen, was der Sinn seines anderen Verhaltens ist, seines anderen Geistes. Er will deutlich machen, dass da Gottes Geist sich auswirkt – und nicht der Geist der Zerstörung, wie die Schriftgelehrten und Pharisäer meinen.

Es sind natürlich nicht nur die Schriftgelehrten und Pharisäer der damaligen Zeit. Es ist auch für unsereins doch immer wieder ärgerlich. Und – ehrlich gesagt – glauben wir's so recht für uns selber? Da sagte eine reale Mutter: Ich kann doch nicht zur Hochzeit meiner Tochter gehen, wo die doch geschieden ist und jetzt wieder heiratet! In Gottes Namen – unter Berufung auf seine Gebote! Ein Großvater sagt zu seinem Sohn (wie der mir klagte): Und wenn dein Kind jetzt nicht endlich zur Erstkommunion geht, dann enterbe ich dich! Im Namen von Gottes Geboten! Katastrophe! Es ist das, was die Schriftgelehrten und Pharisäer meinen und was auch noch in unsere Zeit hinein wirkt. Man hat sich in unserer Welt gefälligst an gewisse Regeln zu halten, wenn man anerkannt sein will! Und auch „fromme" Menschen waren immer schon der Versuchung ausgesetzt, solche rein innerweltlichen gesellschaftlichen Regeln der Macht auch mit einem frommen Etikett zu versehen und unter Gottes Autorität zu stellen. Und so kommt es, dass Menschen sich empören, wenn Gott als der verkündet wird, der sich vor allem denen zuwendet, deren Leben kaputt ist – sei es auch durch eigene Schuld.

Hier geht es um das „Wort der Versöhnung", das der Kirche anvertraut ist, wie Paulus sagt:

Wenn jemand in Christus ist, dann ist er eine neue Schöpfung: Das Alte ist vergangen, Neues ist geworden. Aber das alles kommt von Gott, der uns durch Christus mit sich versöhnt und uns den Dienst der Versöhnung aufgetragen hat. Ja, Gott war es, der in Christus die Welt mit sich versöhnt hat, indem er den Menschen ihre Verfehlungen nicht anrechnete und uns das Wort von der Versöhnung zur Verkündigung anvertraute. Wir sind also Gesandte an Christi statt, und Gott ist es, der durch uns mahnt. Wir bitten an Christi statt: Lasst euch mit Gott versöhnen! (2 Korinther 5,17-20)

Welchem Lebensglück verschließt sich – nicht nur – der ältere Sohn in dem Gleichnis! Wenn er doch nur sich mit dem Vater versöhnen ließe! Die Pharisäer – und nicht nur sie – , wenn sie doch ihren Neid fahren lassen könnten und ihre Angst, ein solcher Gott bringe alle Ordnung unter den Menschen in Gefahr, und sich mit dem Gott, der sich in Jesus zeigt, versöhnen ließen! Stattdessen werden sie ihn ans Kreuz bringen. In Gottes Namen – unter Berufung auf seine Gebote!

Wer je mit Gott gekämpft, „gehadert" hat, weiß: Wie schön, wenn man nach Spannungen, Zerwürfnissen, Leiden ... endlich wieder mit Gott und der Welt versöhnt sein kann!

Der Mensch, dessen Leben zerrissen ist, der – wie zunächst der jüngere Sohn – sich selbst entfremdet ist, der also von sich selbst und Gott und der Welt abge-Sonder-t lebt – das ist der sprachliche Hintergrund für das deutsche Wort „Sünde" – also in der „Sünde" lebt, der leidet Schmerzen! Der Mensch will aber eins mit sich sein und nicht in Sünde. Der Mensch, der nicht mehr erleben kann, wes Geistes Kind er ist und wem er sich anvertrauen kann, ist ent-Söhnt – wie der jüngere Sohn, der vom Vater weggeht und sich seiner Sohneseigenschaft selbst beraubt. Er ist nicht mehr Sohn, hat sich ent-Söhnt, ist sich aber dadurch zugleich selbst fremd geworden, in sich zerrissen. Er kann die Würde seines Daseins nicht mehr erkennen und leben. Leid und Elend beherrscht sein Leben.

Und das, was er meint, was in der Zukunft noch geht, entnimmt er den Maßstäben der weltlichen Gesellschaft – im Sinn der üblichen „Gerechtigkeit": Ich weiß, ich hab' jetzt auszulöffeln, was ich mir eingebrockt hab'. Aber ein bisschen was werd' ich schon noch zu erhoffen haben; ich muss halt bezahlen. Das ist eine Mentalität, wie sie in unserer Welt als gerecht gilt.

Und diese Mentalität hat immer wieder Eingang gefunden auch in die Gemeinschaft des Heiligen Geistes, die die Kirche sein soll. Heute wie damals.

Und darauf antwortet Jesus, indem er erinnert, wie Gott ist: Gott ***liebt*** Menschen, nicht ***weil*** sie sie sich gut verhalten, sondern ***damit*** sie in die Lage kommen, sich gut verhalten zu ***können***!

Das sind zwei Systeme, die einander fremd sind wie Feuer und Wasser. Wenn sie zusammenkommen, gibt es Kampf. Zoff! Und den nimmt Jesus auf sich. Er legt den Finger in die Wunde der Welt, die meint: Wer nicht hören will, muss fühlen. Und dadurch dass er den Finger in die Wunde legt, heilt er die Wunde. So wendet der „Vater" im Gleichnis sich natürlich auch dem „älteren Sohn" zu: Er weiß um den Nachteil des Menschen, dem es ***nicht*** „schlecht" geht und der deshalb versucht ist, sich in der weltlich-gesellschaftlichen Art von Gerechtigkeit zu verhärten. Jesus möchte so gerne, dass er sich versöhnen lässt.

Es geht um ***die*** Gerechtigkeit, von der Jesus sagt: Wenn eure Gerechtigkeit nicht viel größer ist als die der Schriftgelehrten und der Pharisäer, dann habt ihr keinen Zugang zum Reich Gottes! Dann versperrt ihr euch ja gegenüber seinem Einfluss, wie ***er*** dem Menschen gerecht werden will! *(vgl. Matthäus 5,20)*

Der Mensch kann sich doch nicht selbst „recht" machen! Nur Gott kann ihn recht machen, richten, in Ordnung bringen. ***Er*** mag mein „Richter" sein – und nicht Kräfte dieser Welt, die uns vieles vorgaukeln und uns Ent-Täuschungen beibringen – wobei wir noch nicht einmal die Ent-Täuschungen als Freiheit von der Täuschung erkennen und als Chance nutzen. Die Ent-Täuschung ist aber die Chance dessen, dem es sehr schlecht geht: Wenn er – oder sie – sich der Sehnsucht nur inne wird ***und*** sie auf ihn hin richtet; auf ihn, den Jesus im Gleichnis als den Vater malt; auf ihn, den Jesus verkörpert in seinem Verhalten gegenüber gerade denen, denen es dreckig geht.

Und da kommt eben am Ende der Geschichte unsere eigene Situation in den Blick, insofern wir Menschen sind, die sich als anständige und als gute Katholiken oder Protestanten und erfolgreiche Menschen oder als „Leistungsträger" verstehen. Der ältere Sohn. Die Schriftgelehrten und Pharisäer.

Die macht Jesus in seinem Gleichnis schließlich nicht zum „bösen Buben", sondern die sind für seine Perspektive auch „Sohn"! Dass der ältere Sohn wegen seiner günstigen Lebenslage so borniert ist, das ist schade! Und der Vater sieht, dass der Sohn, der ältere, dass ***der*** eigentlich sich entsöhnt – der kann von seinem Bruder nur noch reden als von „dem da" und „dein Sohn". Um Gottes willen! Er erkennt sich nicht mehr als Bruder seines Bruders und als Sohn seines Vaters, der ältere! Er! – Ja, das ist die Frage jetzt: Wer ist eigentlich in der schlimmeren Situation: der ältere oder der jüngere? – Der jüngere ist aus seinem Elend heraus offen, sich beschenken zu lassen – mit einer gewichtigen realen Verbesserung seiner Lebenslage. Aber der ältere, der hat schon alles; den erfüllt keine Sehnsucht mehr nach mehr. Der kann nur noch frustriert und enttäuscht sein und zornig. Der Vater „redet ihm gut zu"! Er möchte gerne, dass der ältere Sohn es ebenso zu genießen weiß wie der jüngere, dass sie jetzt miteinander alle beisammen sind und froh ein Fest feiern können. Ob er sich sein Herz aus der Verhärtung erweichen lässt und ob er wieder eins werden kann mit sich selbst – mit Gott und der Welt versöhnt?

Uns als Kirche ist „das Wort von der Versöhnung" anvertraut. Das Evangelium ist eine Botschaft, die all den Menschen, die in sich zerrissen sind, also in „Sünde" leben, Mut und Hoffnung machen will, sich mit der Ver-Söhnung wieder beschenken zu lassen. Damit sie dann mit – vielleicht sagt ihnen das Wort „Schicksal" ja mehr – damit sie mit ihrem „Schicksal" wieder eins sein, versöhnt sein können – ich sage lieber „mit Gott und der Welt", also mit sich selbst – versöhnt sein können: mit dem eigenen Leben, mit dem Sinn und Ziel des eigenen Lebens, also doch mit Gott – und mit der Welt, in der dieses Leben stattfindet! – ***Er*** will ***uns*** versöhnen!

Nach den Maßstäben unserer weltlichen Gesellschaft muss man allerdings einen Gott – wenn es ihn denn geben sollte – gnädig stimmen und ihn wieder mit ***uns*** versöhnen. Der Gott der Bibel aber ist in diesem Sinne ein Anti-Gott; er ist der eine Gott, den wirklich als Gott anzuerkennen sich lohnt: ***Er*** versöhnt ***uns***, wo wir mit unserem Leben unversöhnt sind, und er will uns damit beschenken. Menschen aber, die der Denk- und Werte-Kategorie „Vergeltung" verhaftet sind und daher nur Lohn für Gutes und Strafe für Böses wollen, sind dafür nicht zugänglich und schließen sich davon aus.

So ist Versöhnung

Diese Glaubensbotschaft, das Verständnis von Vergebung und Versöhnung, wie Jesus sie mit seiner ganz neuen Art bringt, spiegelt sich – samt der großen Freude, die das auslöst – in dem Lied:

Wie ein Fest nach langer Trauer,
wie ein Feuer in der Nacht,
ein offnes Tor in einer Mauer,
für die Sonne aufgemacht.
Wie ein Brief nach langem Schweigen,
wie ein unverhoffter Gruß,
wie ein Blatt an toten Zweigen,
ein „Ich-mag-dich-trotzdem-Kuss".

So ist Versöhnung, so muss der wahre Friede sein.
So ist Versöhnung. So ist Vergeben und Verzeihn.

Wie ein Regen in der Wüste,
frischer Tau auf dürrem Land.

Heimatklänge für Vermisste,
alte Feinde, Hand in Hand.
Wie ein Schlüssel im Gefängnis,
wie in Seenot „Land in Sicht",
wie ein Weg aus der Bedrängnis,
wie ein strahlendes Gesicht.

So ist Versöhnung, so muss der wahre Friede sein.
So ist Versöhnung. So ist Vergeben und Verzeihn.

Wie ein Wort von toten Lippen,
wie ein Blick, der Hoffnung weckt,
wie ein Licht auf steilen Klippen,
wie ein Erdteil, neu entdeckt.
Wie der Frühling, wie der Morgen,
wie ein Lied, wie ein Gedicht,
wie das Leben, wie die Liebe,
wie Gott selbst, das wahre Licht.

So ist Versöhnung, so muss der wahre Friede sein.
So ist Versöhnung. So ist Vergeben und Verzeihn.

Jürgen Werth

ent-söhnt, ver-söhnt

Er hatte sich seine Sohnesrechte auszahlen lassen,
die Vater-Sohn-Beziehung aufgekündigt.
Er hatte sich ent-söhnt.
Es hat sich nicht ausgezahlt.
Seine Menschenwürde ging vor die Hunde.
Er kam vor Hunger fast um.
Selber schuld.
Da erinnert er sich:

Als Tagelöhner beim – früheren – Vater
könnte er sein Auskommen haben.
Nichts wie hin!
Ob er mich nimmt?
Rückkehr des Sohnes?!?
Da sehen die Augen des Vaters meilenweit!
Ist der Kerl mit seinem Anteil wohl nicht zufrieden? Egal!!!
Würde bewahren als Vater und Sippen-Chef? Ach was!!!
Sein Herz regt sich, regt sich auf und macht Luftsprünge.
Er rennt ihm entgegen, rennt vor Freude.
Egal was die Leute denken.
Fällt ihm um den Hals.
Sohn! Du lebst!
Tagelöhner? Bist du verrückt?
Mein Sohn ist wieder da!
Ver-söhnt.

So ist Gott. Das kann man an Jesus sehen. Aber daran nehmen sie Anstoß. Dafür muss er ans Kreuz. Im Namen des älteren Sohnes.

6 „Packt den Stein weg!"

5. Sonntag in der Österlichen Bußzeit. Menschen, die den Weg durch diese Zeit mitgehen, werden nun in zwei Wochen vor der Frage stehen – vor der Entscheidung, die sie dann erneuern dürfen (bestätigen oder aber auch ehrlich verneinen): „Widersagt ihr?" und zwar dem Bösen, das sich aus der Erkenntnis Christi als das Böse ergibt, und „Glaubt ihr?" dem Gott, der sich aus der Erkenntnis Christi als Gott ergibt. Widersagen und glauben. Wollt ihr wirklich so leben, wie es eurer Taufe entspricht? Strebt ihr das wirklich an? Wollt ihr euch erneut dazu bekennen und euch das von Gott bestätigen lassen? – Ostern soll werden!

„Zeit der Umkehr" nennen wir diese 40 Tage vor Ostern. Umkehr. Also Veränderung. Zeit, zurückzukehren zu dem, wovon wir unser Leben erhoffen. Zeit, in deren Sonntags-Etappen-Feiern zur Ermutigung und zur Klärung gezielt ausgewählte Evangeliums-Abschnitte uns vor Augen halten, worum es geht:

Vor 2 Wochen war da diese Frau, der von Jesus das lebendige Wasser versprochen wird – und sie bekommt es! Und sie wird selber zur Quelle! Lebendiges Wasser, Taufe! (siehe Kapitel 3)

Letzten Sonntag wurden wir in die Mitte gestellt als der Mensch, der von Natur aus – sprich: von Geburt an – blind ist und von Jesus die Augen geöffnet bekommt, um das Licht zu erkennen: ihn. „Ephata!" Öffne dich, Ohr, Auge, Herz, Hand! – Taufe. (siehe Kapitel 4)

Und nun verlassen wir die Bildebene, die Ebene der Tauf-Symbole. Jetzt geht's um's Eingemachte, um Tod oder Leben: Taufe ist das Geschenk des erneuerten Lebens. Im „Lesejahr C", dem Lukas-Jahr, bereitet schon am 4. Fastensonntag das Gleichnis darauf vor: „Mein Sohn war tot, und er lebt wieder!"

(siehe Kapitel 5) Ja, am 5. Fastensonntag wird es auf den Punkt gebracht: Durch Jesus, dessen Tod und Auferstehung wir an Ostern feiern, wird der Mensch, der von Natur aus in den Tod, ins Grab hineingezwängt wird, herausgeholt ins Leben.

Kann man das wirklich so beschreiben, so benennen? Ist das nicht übertrieben? Unrealistisch? Geht es hier nicht einfach um kirchliches Brauchtum mit den dafür vorgesehenen Bibeltexten, an dem jedes Jahr sich Millionen von Menschen weltweit beteiligen, weil sie halt katholisch sind? Das ist doch viel zu rigoros und widerspricht der barmherzigen Liebe, mit der Christus den Menschen mit all seinen Unvollkommenheiten und Schwächen annimmt! Das darf man doch nicht so eng sehen!

So und ähnlich klingen die Einwände, die dazu bewegen wollen, die Erneuerung des Taufversprechens in der Osternacht nicht all zu ernst zu nehmen. Mit einem ehrlichen Nein zu antworten, würde ja bedeuten, dass ich mich offen distanziere von dem Glauben, der in der Kirche Christi gemeint ist. Und dann?

„Tod und Leben". Geht es uns wirklich um solche wichtigen Dinge, um solche existenziellen Fragen, wenn es uns um unser Christsein geht? Und messen wir wirklich ***daran*** die Entscheidungen unseres Alltags, wogegen wir widersprechen, „widersagen", den Mund aufmachen und wofür wir uns einsetzen, woran wir glauben? Ist das die Dimension, in der wir uns auf Tauf-Versprechen, auf die Erneuerung des Taufversprechens vorbereiten?

An diesem 5. Fastensonntag lässt der Gott der Bibel die wunderbare alte Zusage hören:

So spricht Gott, der Herr: Ich öffne eure Gräber und hole euch, mein Volk, aus euren Gräbern herauf. Ich bringe euch zurück in das Land Israel. Wenn ich eure Gräber öffne und euch, mein Volk, aus euren Gräbern heraufhole, dann werdet ihr erkennen, dass ich der Herr bin. Ich hauche euch meinen Geist ein, dann werdet ihr lebendig und ich bringe euch wieder in euer Land. Dann werdet ihr erkennen, dass ich der Herr bin. Ich habe gesprochen und ich führe es aus – Spruch des Herrn. (Ezechiel 37,12b-14)

Und der Evangelist Johannes erzählt:

In jener Zeit sandten die Schwestern des Lazarus Jesus die Nachricht: Herr, dein Freund ist krank. Als Jesus das hörte, sagte er: Diese Krankheit wird nicht zum Tod führen, sondern dient der Verherrlichung Gottes: Durch sie soll der Sohn Gottes verherrlicht werden. Denn Jesus liebte Marta, ihre Schwester und Lazarus. Als er hörte, dass Lazarus krank war, blieb er noch zwei Tage an dem Ort, wo er sich aufhielt. Danach sagte er zu den Jüngern: Lasst uns wieder nach Judäa gehen. Die Jünger entgegneten ihm: Rabbi, eben noch wollten dich die Juden steinigen und du gehst wieder dorthin? Jesus antwortete: Lazarus, unser Freund, schläft; aber ich gehe hin, um ihn aufzuwecken. Da sagten die Jünger zu ihm: Herr, wenn er schläft, dann wird er gesund werden. Jesus hatte aber von seinem Tod gesprochen, während sie meinten, er spreche von dem gewöhnlichen Schlaf. Darauf sagte ihnen Jesus unverhüllt: Lazarus ist gestorben. Und ich freue mich für euch, dass ich nicht dort war; denn ich will, dass ihr glaubt. Doch wir wollen zu ihm gehen. Da sagte Thomas, genannt Didymus (Zwilling), zu den anderen Jüngern: Dann lasst uns mit ihm gehen, um mit ihm zu sterben.

Als Jesus ankam, fand er Lazarus schon vier Tage im Grab liegen. Als Marta hörte, dass Jesus komme, ging sie ihm entgegen, Maria aber blieb im Haus. Marta sagte zu Jesus: Herr, wärst du hier gewesen, dann wäre mein Bruder nicht gestorben. Aber auch jetzt weiß ich: Alles, worum du Gott bittest, wird Gott dir geben. Jesus sagte zu ihr: Dein Bruder wird auferstehen. Marta sagte zu ihm: Ich weiß, dass er auferstehen wird bei der Auferstehung am Letzten Tag. Jesus erwiderte ihr: Ich bin die Auferstehung und das Leben. Wer an mich glaubt, wird leben, auch wenn er stirbt, und jeder, der lebt und an mich glaubt, wird auf ewig nicht sterben. Glaubst du das? Marta antwortete ihm: Ja, Herr, ich glaube, dass du der Messias bist, der Sohn Gottes, der in die Welt kommen soll. Nach diesen Worten ging sie weg, rief heimlich ihre Schwester Maria und sagte zu ihr: Der Meister ist da und lässt dich rufen. Als Maria das hörte, stand sie sofort auf und ging zu ihm. Als Maria dorthin kam, wo Jesus war, und ihn sah, fiel sie ihm zu Füßen und sagte zu ihm: Herr, wärst du hier gewesen, dann wäre mein Bruder nicht gestorben. Als Jesus sah, wie sie weinte und wie auch die Juden weinten, die mit ihr gekommen waren, war er im Innersten erregt und erschüttert. Er sagte: Wo habt ihr ihn bestattet? Sie antworteten ihm: Herr, komm und sieh! Da weinte Jesus. Die Juden sagten: Seht, wie lieb er ihn hatte! Einige aber sagten: Wenn er dem Blinden die Augen geöffnet hat, hätte er dann nicht auch verhindern können, dass dieser hier starb? Da wurde Jesus wiederum innerlich erregt und er ging zum Grab.

Es war eine Höhle, die mit einem Stein verschlossen war. Jesus sagte: Nehmt den Stein weg! Marta, die Schwester des Verstorbenen, entgegnete ihm: Herr, er riecht aber schon, denn es ist bereits der vierte Tag. Jesus sagte zu ihr: Habe ich dir nicht gesagt: Wenn du glaubst, wirst du die Herrlichkeit Gottes sehen? Da nahmen sie den Stein weg. Jesus aber erhob seine Augen und sprach: Vater, ich danke dir, dass du mich erhört hast. Ich wusste, dass du mich immer erhörst; aber wegen der Menge, die um mich herum steht, habe ich es gesagt; denn sie sollen glauben, dass du mich gesandt hast. Nachdem er dies gesagt hatte, rief er mit lauter Stimme: Lazarus, komm heraus! Da kam der Verstorbene heraus; seine Füße und Hände waren mit Binden umwickelt, und sein Gesicht war mit einem Schweißtuch verhüllt. Jesus sagte zu ihnen: Löst ihm die Binden und lasst ihn weggehen!

Viele der Juden, die zu Maria gekommen waren und gesehen hatten, was Jesus getan hatte, kamen zum Glauben an ihn.

(Johannes 11,3-8.11-17.20-29.32-45)

Vielleicht haben Sie schon einmal bei einem kirchlichen Begräbnis ein Stück aus diesem Evangeliums-Abschnitt gehört. In dem offiziellen Riten-Buch, das dafür bis vor kurzem verwendet wurde, lautete eine Stelle (entsprechend der ursprünglich veröffentlichten Version der Einheitsübersetzung) anders, als hier oben (aus der Einheitsübersetzung von 1980) zitiert. Damals hieß es nicht „war er im Innersten erregt und erschüttert", sondern: „packte ihn in seinem Innern der Zorn, und er erregte sich."[1] Ja, eigentlich müsste man genau übersetzen „Er schnaubte auf vor Unwillen" und zwar „im Geist", will sagen: veranlasst durch den Geist (Gottes), „und er erregte sich heftig".

Worüber erregt sich Jesus hier eigentlich so sehr? Was löst bei ihm diesen Zorn aus? Ein Blick in den Text wird helfen: Worum ging es, bevor der Hinweis auf seine emotionale Reaktion kam?

Lazarus wird dargestellt, eine typische Situation des Menschen: Er ist gefangen im Grab. Ein übermächtig schwerer Stein schließt ihn darin ein, und niemand macht sich daran, den Stein wegzuwälzen! Da sind die Frommen, die sich damit begnügen zu sagen: Leute, seid nett zueinander! Und wenn da einer im Grab ist und ein dicker Stein davor liegt, dann (wird das schon seinen Sinn haben – vielleicht hat er sich das als Strafe zugezogen – und) muss man ihn freundlich bedauern: Ach du Armer, du bist im Grab! Nur freundlich bleiben! Ach, du Armer hast keine Arbeit! Ach, du Armer musst von Hartz IV leben! Ach du Armer und so weiter und so weiter. Ver-trösten. Oberflächlich, unverbindlich.

„Nehmt endlich den Stein weg!" ruft Jesus den Leuten voller Zorn zu.

Das Wunder geschieht: Die Leute packen an, sie packen den Stein fort! Und da fällt Jesus voller Dankbarkeit auf die Knie: „Danke, Gott, dass du mich erhört hast!" Sie lassen sich wirklich drauf ein! Sie glauben wirklich! Und das kann man daran sehen, dass sie den Stein wirklich anpacken und wegrollen. Auf seine Aufforderung hin. Das ist zwar völlig verrückt; schließlich stinkt der im Grab schon! Und doch tun sie es. Sie glauben an ihn!

Ein starkes Zeichen für die Zuverlässigkeit von Gottes Liebe und wie weit die geht, ist, wenn Menschen sich dran machen, den Stein vor dem Grab des Lazarus wegzunehmen. So „widersagen" sie dem Bösen. Nicht nur mit den Lippen. Mit ihrem ganzen Herzen. Das kann man ihnen ansehen, an ihrem Tun. Weil sie wissen, woran sie glauben. Sie können dann natürlich in der Osternacht mit dem vollen Brustton der Überzeugung und voller großer Freude antworten: Ja – „Ich glaube!"

Ist das unser Weg? – Ach nein, viel zu anspruchsvoll!

Kommt darauf an, an wen Sie den Anspruch stellen. Oder – richtiger gesagt: auf wen Sie diese entsprechende ***Hoffnung*** richten. – „Aber ich kann doch nicht ...." Natürlich nicht. Das sagt ja auch keiner, dass „ich" es „kann". Um nur ein „kleines" Beispiel zu nennen: Auf Grund „sünd"haft teurer Mieten sind viele gezwungen, dass in der Familie alle, denen es überhaupt möglich ist, voll berufstätig sind und Geld nach Hause bringen, so dass keine Zeit übrig bleibt zum Leben und sich Zeit miteinander zu nehmen. Wenn Zeit übrig bleibt, dann braucht man sie zum Auftanken, zum Abschalten: Glotze, Bett, ... Aber füreinander? Oder gar für sich selbst, um zur Besinnung zu kommen? Da bleibt oft nur Besinnungslosigkeit, ja „Grab". Totes „Fleisch" – in der Sprache des Apostels Paulus, der an diesem 5. Fastensonntag ja auch noch vorgesehen ist – . Fremdbestimmt durch die äußeren Lebensbedingungen, eben durch das „Fleisch" – hier gemeint als im Kontrast zum Geist (Gottes), bestimmt durch das säkular, weltlich Herrschende, was ja erfahrungsgemäß häufig in Entfremdung, Ab-Sonder-ung vom gottgewollten menschlichen Leben, eben in die „Sünde" treibt. Viele sind geradezu „tot" auf Grund solcher „Sünde". Davon redet Paulus. Und er macht Mut:

Ihr aber seid nicht vom Fleisch, sondern vom Geist bestimmt, da ja der Geist Gottes in euch wohnt. ... Wenn Christus in euch ist, dann ist zwar der Leib tot aufgrund der Sünde, der Geist aber ist Leben aufgrund der Gerechtigkeit. Wenn der Geist dessen in euch wohnt, der Jesus von den Toten auferweckt hat, dann wird er, der Christus Jesus von den Toten auferweckt hat, auch euren sterblichen Leib lebendig machen durch seinen Geist, der in euch wohnt. (Römer 8,9-11)

Dabei bedeutet „in euch" immer wieder auch „in eurem Miteinander": Durch Gottes Geist, der das Belebende ist in der Gemeinschaft der an Christus Glaubenden, seid ihr ja lebendig gemacht worden, auferweckt worden mit Christus. Dann kommt es also nicht auf das an, was „ich kann", sondern darauf, dass wir „unser Miteinander" von ihm, von seinem Geist bestimmen, prägen lassen. Also Kirche sind. Dann können wir alles, was Leben ist, von ihm erhoffen.

Dann kann diese rettende Kraft Menschen dazu bringen, dass sie gleichzeitig einen riesengroßen Brocken wegwälzen, zum Beispiel weil sie, aufeinander gut abgestimmt, gleichzeitig den Brocken anpacken. Dann kann dieser Geist sie dazu bewegen, sich miteinander abzustimmen: Was streben wir an? Was packen wir als Nächstes an im Dienst von Jesus, der dem Leben des Menschen dient? Dieser Geist, wenn er uns bestimmt, öffnet Gräber! Nicht wir – nein, Ezechiel, der Prophet hat es schon gesagt: ***Ich*** öffne eure Gräber, spricht der ***Herr***! – Und das soll tatsächlich wahr werden. Nicht nur in unserem Inneren, im Kopf, in der Phantasie, die man dann – als Illusion disqualifiziert – wegpacken kann! Es geht hier um die Gemeinschaft, die das Leben sucht bei ihm, den wir als unseren Gott bekennen. Und auf ihn schwören wir uns immer wieder neu ein, lassen wir uns neu einschwören, schwören, geloben, versprechen.

Ostern soll werden – nicht nur in den Kirchenmauern, nein. Da findet nur die Feier von Ostern statt. Das reale Ostern, das soll sich im Leben der Menschen abspielen. So groß ist das, was er tut! Das müssen wir wissen! Wir dürfen ihn nicht klein reden. Wir dürfen ihn auch nicht klein machen. Wir dürfen nicht Gott um sein Leben bringen! Das haben sie am Karfreitag gemacht:

Sie haben ihn ums Leben gebracht. Und damit haben sie die Menschen ums Leben gebracht. Sünde schlechthin. Er will uns befreien: Packt den Stein weg!

„Ich hole euch aus euren Gräbern herauf"

Dieses fantastische Wort – von Ezechiel, dem Propheten, ausgerichtet – hören Juden und Christen seit etwa 2500 Jahren immer wieder. In diesem Wort haben seither Menschen aus allen Epochen Gottes eigene Zusage erkannt. Und immer wieder haben Gemeinschaften und Gemeinden, die sich als Gruppen von Gottes Volk verstanden, etwas darauf gegeben, wenn sie ein solches Wort hörten! Da spitzten sie die Ohren, hoben die Köpfe und blinzelten neugierig-verschlafen aus ihren Gräbern, in denen sie sich längst eingerichtet hatten. „Nanu!" merkten sie plötzlich, „es ist ja gar nicht alles so ausweglos!" und standen auf – aus antiker Sklaverei, aus feudaler Unterdrückung, Faschismus und Kommunismus. Mit Konsumterror, Drogensucht, Nationalismus, Fremdenhass, Überheblichkeit, Gewalttätigkeit, Sozialabbau, Verzweiflung und wie ihre Gräber alle sonst noch hießen, fanden sie sich nicht mehr einfach ab, sondern ließen sich herausrufen – wie Lazarus.

Menschen, kommt heraus ans Leben!

zum Lazarus-Evangelium am 5. Fastensonntag [2]

Auf was in meinem Leben
will er mit solchen Worten einwirken?

Du sagst: Man muss halt zufrieden sein,
und bist gewohnt, zu denken so wie alle Welt.
Sagst: Hauptsach' ist es, gesund zu sein
oder Erfolg zu haben oder auch viel Geld.
Doch wo bleibt dein Glück?

Du schaust nur zurück.
Du machst dich kaputt
und sagst: Mir geht's gut,
– und stirbst!

Menschen, kommt heraus ans Leben!
Christus öffnet euch das Grab.

Was meint er damit?

Wenn du allein bist, dann kommt die Angst.
Du lenkst dich ab mit Fernsehen oder Alkohol.
Du fragst dich, welchen Sinn dein Leben hat,
wo doch so viel nur Stress oder Enttäuschung bringt. –
Die Maske aufs Gesicht:
„Ich bin total fit!"
Du wirst aggressiv
und mauerst dich ein
– ins Grab!

Menschen, kommt heraus ans Leben!
Christus öffnet euch das Grab.
Neue Zukunft wird er geben.
Der Tod muss vom Thron herab.

Machst du dir vor, dass du glücklich bist?
Oder gewinnst dem Leben nichts mehr ab wie Lazarus?
Oder wie Marta: so hoffnungslos,
dass erst im Jenseits nach dem Tod wieder Leben ist? –
Der Herr spricht dich an.
Er kommt dir ganz nah.
Er will, dass du lebst.
Er ruft allen zu,
auch dir:

Menschen, kommt heraus ans Leben!

Christus öffnet euch das Grab.
Neue Zukunft wird er geben.
Der Tod muss vom Thron herab.

Ostern soll werden.
Ostern.

---

[1] *Johannes 11,32 - in: Die kirchliche Begräbnisfeier in den katholischen Bistümern des deutschen Sprachgebietes, 1. Auflage von 1973, Seite 140*

[2] *zur Musik des ABBA-Songs „Lay all your love on me"*

Ostern: die 3-Tage-Feier von Leiden, Tod und Auferstehung Christi

Und dann ist es so weit: das Ereignis schlechthin. „Begreift ihr“, fragt er sie, „was ich an euch getan habe?“ Diese Feier braucht Zeit. Erst einmal 3 Tage. Zwischendurch immer wieder der Alltag. Beides gehört zusammen.

Gefeiert wird das Festmahl des Aufbruchs in die Freiheit: die Hingabe seines Lebens zur Befreiung aus allem, was das Leben behindert. Mitten im Feiern wird das Geschehen, von dem die Bibel redet, dynamisch gegenwärtig: Er dient uns. Und wer sich nicht von ihm „die Füße waschen“ lassen will; wer meint, erst mal durch Gutes-Tun seine Zuwendung „verdienen“ zu müssen, hat sich dem verschlossen. Da ist die zentrale Frage: Lasse ich mir das „gefallen“?

Menschen, die diese Erfahrung der Liebe Gottes gemacht haben, werden Freude ausstrahlen. Auf Andere wird einwirken, was sie erfüllt. Da werden sie sich an Jesus ein Beispiel nehmen und so handeln, wie er an ihnen getan hat.

Solche Perspektive macht tauglich dazu, sich den unmittelbar bevorstehenden Ereignissen zu stellen – denen von heute und denen von damals – , die einem den Atem stocken lassen können. Es ist immerhin Gründonnerstag, der Abend vor seinem Leiden! Ostern und Auferstehung und das neue Leben aus heute ungelösten Problemen erscheinen ja noch ganz fern!

Aber dann am Karfreitag die Konsequenz zu erleben, mit der Jesus zu seinem Weg des totalen Einsatzes für den Menschen steht, das verwandelt unversehens das Entsetzen, das einen erst mal nur packen kann. Verwunderung macht sich breit: Was die Menschheit sich eingebrockt hat, das soll sie von nun an nicht mehr auslöffeln müssen? Vielmehr holt er sie da wieder raus? Dafür nimmt er alles auf sich? Neues Leben entsteht für alles, was ganz unten war, tot war. Auferstehung!

Der dritte Tag ist Ostern. Da wird das neue Leben besiegelt: mitten in der Nacht. Da kann man sich nur hineinfallen lassen. Aus biblischen Bildern ergibt sich der Überblick. Der Verstand fängt neu an. Mit den Anderen kann ich nach dem vorangegangenen Weg meinen Standort feierlich dokumentieren: bewusste Erneuerung meines Taufversprechens.

Eine Bewegung der Menschen, die im Licht des Gehörten die Wirklichkeit sehen, sich vom Auferstandenen nähren und führen lassen. Der Weg, den sie gehen, wird jetzt ein anderer sein.

7 Abschiedsmahl – Aufbruch zur Rettung

In einem Buch auch nur einigermaßen Zentrales von der Feier von Ostern einfangen und vermitteln zu wollen, ist schon ein ziemlich gewagtes Unterfangen. Ich unternehme es trotzdem. In der Hoffnung, Ihnen eine Tür zu öffnen zu einem geglückten Mitfeiern in einer Gemeinschaft glaubender Christen. Und im Vertrauen, dass Sie auf diesem Weg dem Ereignis begegnen werden, dessen Zentrum der gekreuzigte und auferstandene Jesus Christus ist – Ereignis, in dessen das Leben erfüllende Dynamik er Sie einbezieht – sogar noch über die Dimensionen hinaus, in denen sich unser Leben zwischen Geburt und Tod in dieser Welt abspielt.

Die jährlich wiederkehrende zentrale Feier des christlichen Glaubens, „die Feier der Drei Österlichen Tage vom Leiden, vom Tod und von der Auferstehung unseres Herrn Jesus Christus" beginnt am Gründonnerstag mit dem Abend vor seinem Leiden. Und sie endet – nach ein paar Unterbrechungen, bei denen jeweils weder verabschiedet noch neu begrüßt wird – am Ostersonntag. Zwischendurch gehen wir immer wieder nach Hause. Denn diese Feier lebt von der Verbindung mit unserem Leben in der Welt. Allerdings spielt dabei in diesen drei Tagen die Feier dessen, was Inhalt unseres Glaubens ist, die zentrale Rolle. So hat das Leben Chancen, wie es mit diesen österlichen Tagen gemeint und bewirkt wird.

„Leiden, Tod und Auferstehung". Es geht um die Perspektive menschlichen Lebens, die auch da trägt, wo das Leid extrem wird. Es geht um den Weg durch das Unheil hindurch in erfülltes Heil: „Pascha" – nein, bitte nicht aussprechen wie der Pascha, der sich bedienen lässt, sondern „Pas-cha" wie Rös-chen – oder richtiger: Pessach, das heißt auf Hebräisch so viel wie Hindurchgang, Hinübergang, nämlich in die Befreiung, in die Rettung, zur Fülle des Lebens. Leiden, Tod und Auferstehung als Pascha (auf Lateinisch „Passah"), weil Gott sich darauf unweigerlich festgelegt hat mit denen, die das wollen, es hoffen und sich darauf einlassen und die mit ihm den Bund auf Gegenseitigkeit geschlossen haben.

So sprechen die Bibeltexte dieser Drei-Tage-Feier vom Bund zwischen Gott und seinem Volk und wie er diesen Bund immer wieder neu für uns erneuert und wie wir uns immer neu darauf einlassen können. Sie sprechen von dem Großen, wozu Gott da bereit ist, was er selber mit uns und für uns tut: Exodus aus allem Elend, Auferstehung aus den Toden, neues Leben sind angesagt.

Das Grundmuster:

In jenen Tagen sprach der Herr zu Mose und Aaron in Ägypten: Dieser Monat soll die Reihe eurer Monate eröffnen, er soll euch als der erste unter den Monaten des Jahres gelten. Sagt der ganzen Gemeinde Israel: Am Zehnten dieses Monats soll jeder ein Lamm für seine Familie holen, ein Lamm für jedes Haus. Ist die Hausgemeinschaft für ein Lamm zu klein, so nehme er es zusammen mit dem Nachbarn, der seinem Haus am nächsten wohnt, nach der Anzahl der Personen. Bei der Aufteilung des Lammes müsst ihr berücksichtigen, wie viel der Einzelne essen kann. Nur ein fehlerfreies, männliches, einjähriges Lamm darf es sein, das Junge eines Schafes oder einer Ziege müsst ihr nehmen. Ihr sollt es bis zum vierzehnten Tag dieses Monats aufbewahren. Gegen Abend soll die ganze versammelte Gemeinde Israel die Lämmer schlachten.

Man nehme etwas von dem Blut und bestreiche damit die beiden Türpfosten und den Türsturz an den Häusern, in denen man das Lamm essen will. Noch in der gleichen Nacht soll man das Fleisch essen. Über dem Feuer gebraten und zusammen mit ungesäuertem Brot und Bitterkräutern soll man es essen. So aber sollt ihr es essen: eure Hüften gegürtet, Schuhe an den Füßen, den Stab in der Hand. Esst es hastig! Es ist die Paschafeier für den Herrn. Das heißt: der Vorübergang des Herrn.

In dieser Nacht gehe ich durch Ägypten und erschlage in Ägypten jeden Erstgeborenen bei Mensch und Vieh. Über alle Götter Ägyptens halte ich Gericht, ich, der Herr. Das Blut an den Häusern, in denen ihr wohnt, soll ein Zeichen zu eurem Schutz sein. Wenn ich das Blut sehe, werde ich an euch vorübergehen und das vernichtende Unheil wird euch nicht treffen, wenn ich in Ägypten dreinschlage.

Diesen Tag sollt ihr als Gedenktag begehen. Feiert ihn als Fest zur Ehre des Herrn! Für die kommenden Generationen macht euch diese Feier zur festen Regel!

(Exodus 12,1-8.11-14)

Und die Erneuerung durch Jesus, wie Paulus davon schreibt:

Ich habe vom Herrn empfangen, was ich euch dann überliefert habe: Jesus, der Herr, nahm in der Nacht, in der er ausgeliefert wurde, Brot, sprach das Dankgebet, brach das Brot und sagte: Das ist mein Leib für euch. Tut dies zu meinem Gedächtnis! Ebenso nahm er nach dem Mahl den Kelch und sprach: Dieser Kelch ist der Neue Bund in meinem Blut. Tut dies, sooft ihr daraus trinkt, zu meinem Gedächtnis! Denn sooft ihr von diesem Brot esst und aus dem Kelch trinkt, verkündet ihr den Tod des Herrn, bis er kommt. (1 Korinther 11,23-26)

Der Evangelist Johannes erzählt:

Es war vor dem Paschafest. Jesus wusste, dass seine Stunde gekommen war, um aus dieser Welt zum Vater hinüberzugehen. Da er die Seinen, die in der Welt waren, liebte, erwies er ihnen seine Liebe bis zur Vollendung.

Es fand ein Mahl statt, und der Teufel hatte Judas, dem Sohn des Simon Iskariot, schon ins Herz gegeben, ihn zu verraten und auszuliefern. Jesus, der wusste, dass ihm der Vater alles in die Hand gegeben hatte und dass er von Gott gekommen war und zu Gott zurückkehrte, stand vom Mahl auf, legte sein Gewand ab und umgürtete sich mit einem Leinentuch. Dann goss er Wasser in eine Schüssel und begann, den Jüngern die Füße zu waschen und mit dem Leinentuch abzutrocknen, mit dem er umgürtet war.

Als er zu Simon Petrus kam, sagte dieser zu ihm: Du, Herr, willst mir die Füße waschen? Jesus antwortete ihm: Was ich tue, verstehst du jetzt noch nicht; doch später wirst du es begreifen. Petrus entgegnete ihm: Niemals sollst du mir die Füße waschen! Jesus erwiderte ihm: Wenn ich dich nicht wasche, hast du keinen Anteil an mir. Da sagte Simon Petrus zu ihm: Herr, dann nicht nur meine Füße, sondern auch die Hände und das Haupt. Jesus sagte zu ihm: Wer vom Bad kommt, ist ganz rein und braucht sich nur noch die Füße zu waschen. Auch ihr seid rein, aber nicht alle. Er wusste nämlich, wer ihn verraten würde; darum sagte er: Ihr seid nicht alle rein.

Als er ihnen die Füße gewaschen, sein Gewand wieder angelegt und Platz genommen hatte, sagte er zu ihnen: Begreift ihr, was ich an euch getan habe?

Ihr sagt zu mir Meister und Herr und ihr nennt mich mit Recht so; denn ich bin es. Wenn nun ich, der Herr und Meister, euch die Füße gewaschen habe, dann müsst auch ihr einander die Füße waschen. Ich habe euch ein Beispiel gegeben, damit auch ihr so handelt, wie ich an euch gehandelt habe.

(Johannes 13,1-15)

Sie feiern also – wie es da heißt – „ein Mahl". Aus dem Zusammenhang und aus den anderen Evangelien wissen wir: Es ist ein ganz bestimmtes Mahl. Und dieses Mahl, das sie feiern – zu einem ganz bestimmten Tag des Jahres – das Pascha-Mahl, es enthält die Handlung von damals in Ägypten: Ein Lamm wurde gegessen. Und der Tod des Lammes dient nicht nur dem Festmahl, der Vorfreude auf die Befreiung, sondern das beim

Schlachten vergossene Blut des Lammes dient auch zum Zeichen für die dadurch bewirkte Bewahrung des Volkes vor dem Verderben.

Und dieses Pascha – mit seinen Elementen, wie es gefeiert wurde, selbstverständlicher Brauch auch für die Jünger von Jesus – ist ein Mahl und ein Zeichen. Ein Zeichen, das wirkt: Alle die, die in einem Haus mit dem Blut des Festmahl-Lammes an Türsturz und Türpfosten wohnen, an denen geht das Unheil vorbei. Allen wird das Unheil, das droht, erspart, die sich nicht nur haben warnen lassen, sondern die auch den Ausweg sich haben sagen lassen und ihn schon voll Vertrauen auf Gott vorab gefeiert haben, obwohl der Ausweg völlig unmöglich war. An ihnen geht das Unheil vorbei. Pascha, Vorübergang! Sie kommen durch: Durchgang! Ein großes Ereignis, bei dem es um die Lebensrettung von vielen Menschen, ja eines ganzen Volkes geht, das da gefeiert wird! Lamm wird gegessen, wohlschmeckendes Fleisch! (Ich liebe Lamm!) Wein wird getrunken, den du, Gott, zur Freude des Menschenherzens hast wachsen lassen! (vgl. Psalm 104) Pascha, österliches Mahl der Hoffnung, der Vorfreude, ja der Gewissheit: Das Unheil geht vorüber und wir kommen durch! Weil Gott es so zugesagt hat. Klar, dass wir uns an seine Weisungen halten! Pascha-Mahl.

Und dazu gehört es auch – die Erzählungen von den Regeln, vom Brauchtum dieses Mahles sind sehr kompakt: gegürtet und mit Schuhen an den Füßen; also aufbruchbereit! Es ist das Festmahl des Aufbruchs in die Freiheit, des Durchgangs durch das jetzt gegebene Elend der Sklaverei, der Unfreiheit, der Unterdrückung, der Ausbeutung, des Elends, des Leidens, des Schmerzes, der Enttäuschung, des Todes!

Das Wesen dieser Pascha-Nacht – so wird uns gesagt – ist: In dieser Nacht gehe ich durch Ägypten. Und „Ägypten" ist dann für Israel zu einem umfassenden Symbol geworden: zu einem Symbol politischer Unterdrückung, egal welcher Art und zu welcher Zeit: Wo immer Menschen das Geld aus der Tasche gezogen wird, wo sie ausgesaugt und ausgelaugt werden, – über alle diese „Götter Ägyptens", über die vergötzten Kräfte, die da herrschen und die das Leben der Menschen kaputt machen – über sie alle „halte ich Gericht" in dieser Nacht! Jetzt kommt die entscheidende Weichenstellung. Weil ihr euch zum Pascha rufen lasst. Und Pascha heißt dann: Mahl mit dem Zeichen des Blutes des Lammes und der Bereitschaft zum Aufbruch mit einer unbändigen Hoffnung. Im Angesicht jetzigen Elends!

Das Blut an den Häusern, in denen ihr wohnt, soll ein Zeichen zu eurem Schutz sein. Wenn ***ich*** das Blut sehe ... (Israel kann selbst das Unheil nur Gott zuschreiben: Da es doch nur ***einen*** Gott gibt, kann auch das Böse nur von ihm kommen! Also ist er es, er oder sein Engel.) Wenn ich das Blut an euren Häusern sehe, werde ich vorbeigehen und das vernichtende Unheil wird euch nicht treffen! So rettend handelt Gott. Dieser Gott, der Gott der Bibel. Mit denen jedenfalls, die sich nach ***seiner*** Herrschaft sehnen und sie deshalb wollen.

So etwas muss man natürlich einfach feiern. Alle, die sich darauf einlassen, können nicht anders, als das zu feiern. Es gibt nichts Wichtigeres im Leben als das! Das ist ja Schlüssel und Angelpunkt für ein Gelingen des Lebens.

Ja, und Jesus und seine Jünger halten sich dran. So feiern sie Pascha – mitten unter den Göttern „Ägyptens". Denn es ist allen Beteiligten klar: Der Sohn Gottes wird jetzt von den politischen und religiösen Machthabern, ja von der Menschheit umgebracht. Das hat sich ja längst abgezeichnet: Die ganzen „Götter" dieser Welt vereinen sich, um Gott zum Schweigen zu bringen! Wie immer diese Götter auch in unseren Tagen heißen mögen – das ist eine zeitlose Wirklichkeit: die Kräfte der Römer, des Kapitals, der Gewohnheiten, des Egoismus ... In dieser Situation von geradezu versklavtem, elendigem Dasein feiert Jesus den Gott des Bundes mit seinen Jüngern im Paschamahl!

Und er als der gastgebende Hausvater vollzieht die Handlung wie immer: Er nimmt das Brot, dankt, preist Gott für die sich in diesem Fest verwirklichende Gnade. Und dann nimmt er Brot und segnet es, wie er vorher das Mahl gesegnet hat. Er bricht es, wie er vorher die Speise geteilt hat. Er gibt es den Seinen, wie er auch sonst als Hausvater im Lauf des Paschamahles den Teilnehmenden zum Zeichen der Verbundenheit die jeweils erste Essensportion in die Hand gegeben hat: Nehmt und esst!

Aber seine deutenden Worte dazu sind neu: Das ist mein Leib, der für euch hingegeben wird! – Und zugleich liegt da auf dem Tisch das Lamm, die Pascha-Speise des alten Bundes. Die Jünger können gar nicht anders, als das, was er sagt, in derselben Richtung zu verstehen. Eine Wirklichkeit, die im Symbol verdichtet und zugleich aufgezeigt und verborgen ist, die aber wirklich ist, also wirkt. Und wie er vorher den Becher des ***alten*** Bundes gesegnet und gereicht hat, in dem der Wein an das vergossene Blut des Lammes erinnert, so spricht er jetzt zu ihnen: Trinkt alle daraus; ***dieser*** Kelch ist der ***neue*** Bund in ***meinem*** Blut, das für ***euch*** vergossen wird. – Die Betonung liegt nicht auf „Blut", was so viele Menschen dann verunsichert und bis in kannibalistisch denkende Verirrungen abgleiten lässt. Die Betonung lautet ***„dieser*** Kelch" – nämlich im Vergleich und Unterschied zum Kelch des alten Bundes – ***dieser*** Kelch ist der ***neue*** Bund in ***meinem*** Blut. Ich bin jetzt das Lamm, dessen Blut für ***euch*** vergossen wird – so dass, wenn ihr euch darauf einlasst, das Unheil an ***euch*** jetzt vorübergeht. Pascha! Der ***alte*** Bund war im Blut des Lammes geschlossen – im Blut des hingegebenen Lammes bei der rettenden Befreiung aus der bösen Macht Ägyptens. Der ***neue*** Bund ist in ***seinem*** Blut geschlossen – in der Hingabe ***seines*** Lebens zur rettenden Befreiung heute aus allen bösen Mächten.

Dieser Verwandlung von allem Unheil in Heil für alle Menschen, die sich dem anvertrauen, dient Jesus. So wie ein Sklave seinem Herrn dient. Und wenn man sich diesen Dienst nicht zufügen lassen will, dann hat man leider keine Gemeinschaft mit ihm! Denn es gibt in ihm nur ***die*** Gemeinschaft, dass er uns dient, nämlich unserm Leben dient, indem er uns befreit und rettet. Und wer sich so nicht von ihm die Füße waschen lassen will, hat sich gegen ihn entschieden.

Das sollen am Ende seine Jünger – hoffentlich! – begreifen und dann sich untereinander das selber zum Beispiel nehmen. Dann verwirklicht sich nämlich in diesem so gemeinten und so gefeierten Mahl mitten im Tod am Kreuz die Auferstehung zum neuen Leben! Österliches Mahl das Jahr hindurch, das ganze Leben! Neue Welt, die jetzt beginnt!

8 Ja, ihn lass ich mir gern gefallen!

Bei jenem Pascha-Mahl, beim letzten Abendmahl von Jesus mit seinen Leuten, wusste er, dass „seine Stunde gekommen" war. Der Inbegriff alles dessen, was er bis dahin an Erfahrungen und Einsichten unter die Leute gebracht hat und was jetzt, auf die Spitze getrieben, zum Ende gebracht werden muss, das steht ihm in voller Klarheit vor Augen.

Aber sie? Diese Situation des Abschieds ist die letzte Chance, ihnen deutlich zu machen, worum es ihm bei allem gegangen ist und geht – bei seinem konsequenten Weg, der ihn schließlich das Leben kostet. „Begreift ihr, was ich an euch getan habe?"

Begreife ich, was er an mir getan hat? Was hat er uns denn angetan? Viele Menschen bis heute spüren da nur ein schlechtes Gewissen.

Also wäscht er ihnen die Füße. Petrus aber will nicht: „Niemals sollst ***du mir*** die Füße waschen!" ***Wir*** haben ***dir*** zu dienen, aber du doch nicht uns!

Petrus hat noch nicht begriffen. Es galt halt damals schon als selbstverständlich: Wenn man es mit Gott zu tun bekommt, hat man demütig zu sein, hat man ihm zu dienen und zu tun, was er von einem verlangt, also ihm zu gehorchen; was er vormacht, ihm nachzumachen – möglichst perfekt. Daher das schlechte Gewissen – und das schale Gefühl zu wissen: Das funktioniert nie!

„Dann hast du keinen Anteil an mir", sagt Jesus zu Petrus. Wenn du mich nicht an dich ran lässt mit meiner Liebe, mit der ich dir und deinem Leben dienen will, dann ...

Und ich – wenn es denn möglich sein soll, dass ich so was erleben kann – lasse ich es mir gefallen, dass nicht ***ich ihm*** einen guten Dienst tun soll, sondern dass ***er mir*** dient – das heißt in den damaligen Gegebenheiten der Antike: dass ***er mir*** dient wie ein Sklave seinem Herrn und Meister? Gefällt mir das?

Wir – die Jünger von Jesus von damals samt Petrus, ebenso wie wir Christen von heute – wir sind zu schnell dabei, es ihm nachmachen zu wollen: Er hat uns doch schließlich auch dazu berufen, ihm nachzufolgen!

Aber wir vernachlässigen dabei die zu beachtende Reihenfolge der Schritte:

Nach dem, was Jesus hier sagt, ist als erster Schritt am wichtigsten zu nehmen: mir den Dienst des „Meisters" gefallen lassen; es annehmen – zutiefst staunend und „selig" froh – , dass ***er mir*** „die Füße wäscht". Wenn ich das überspringe, kann's nix werden mit der Gemeinschaft mit ihm!

Diesen Kontrast in den Perspektiven und Ihre eigene Position darinnen können Sie festmachen an der Art der eigenen Vorstellungen, mit denen Sie – jedenfalls wenn Sie katholisch sind – das Kreuz immer wieder auf sich zeichnen: Die vorschnelle Art des Petrus, durch die er für sich alle Chancen abblockt, ist verbunden mit Vorstellungen wie: Ich nehme dein Kreuz auf mich. Ich will es halten wie du, es dir gleich tun.

Eine andere Art von Vorstellungen beim Kreuzzeichen ist mir zur guten Gewohnheit geworden: Das Wunderbare, diese geradezu unglaubliche, unübertroffene Liebe zu mir, die du mit deinem Tod am Kreuz auf die Spitze getrieben und bekundet hast, will ich unbedingt bei mir ankommen lassen! Das Große, wofür du dieses schreckliche Leiden und Sterben auf dich genommen hast, das will ich auf mich einwirken lassen! Ich will es nutzen, genießen, daraus den von dir gemeinten Gewinn ziehen im Sinne von enormer Bereicherung und Erfüllung meines Lebens! Und als Zeichen meiner Sehnsucht, die Dynamik seiner Liebe, die im Ereignis des Kreuzes gipfelt, möge umfassend bei mir ankommen und auf mein Leben einwirken, zeichne ich mit Blick auf dein Kreuz vor meinen Augen die Linien der beiden Balken möglichst groß auf mich: „Gepriesen bist du, mein Herr und mein Gott, für mich am Kreuz gestorben! Von den Höhen meines Verstandes bis zu den Tiefen meiner Triebe wandelst du alles Linke in Rechtes!" Christen der Ostkirchen gehen da noch einen Schritt weiter: „von meinem Scheitel bis zu meiner Sohle ..." (weswegen sie mit der zeichnenden Hand bis zum Fußboden hinunter langen). Die andere Art, nämlich: ohne es mir erst einmal selber antun zu lassen, also vorschnell sein Kreuz zu meinem machen und es ihm gleich tun zu wollen, – wäre das nicht „sein wollen wie Gott"? (vgl. Genesis 3,5)

Der gleiche Kontrast ist auch gemeint in der Erzählung vom unterschiedlichen Verhalten der Schwestern Marta und Maria, als Jesus sie zuhause besucht (vgl. Lukas 10,38-42): Marta geht ganz darin auf, als Gastgeberin für Jesus zu sorgen – ***sie für Jesus***. Maria geht ganz darin auf, die Nähe zu Jesus für sich selbst zu nutzen und ihm zuzuhören – ***Jesus für sie***. Wohin das führt? Marta hat nichts von Jesus, sie ärgert sich, Jesus kann nicht an sie ran mit seiner Liebe. Aber Maria – so sagt Jesus – hat „das Bessere" gewählt, „den guten Teil", das Eine, was „notwendig" ist, was also die Not wendet.

Noch anders gesagt: Da kommt in Jesus Gott selber mit einem Riesen-Geschenk, das vom Beschenkten – freudig und zu dessen Nutzen – angenommen werden will, aber der hat die Hände voll mit einer Gegengabe, die er ***zuerst*** einmal los werden will, weil ***er*** ja ***ihm*** – vielleicht pflichtgemäß – etwas Gutes antun will. Weil er sein will und es tun will wie der Schenkende? Oder vielleicht weil er sonst das Geschenk (!) nicht verdient (?) habe, dessen „nicht würdig" wäre??? – Immerhin – was Gott in Jesus dem Menschen bringt, nennt die Glaubensüberlieferung seit der Bibel bis heute „Gnade", also (lateinisch) „gratia". Und „in der Weise einer Gratia" heißt „gratis"! Das muss doch erst mal ankommen können, wirken können!

In der Entwicklungsgeschichte des Kindes wird deutlich, in welcher Reihenfolge allein die Schritte auf dem Weg des Lebens gelingen ***können***: Wenn es lange und oft genug – einseitig! - angelacht wurde, fängt es an und lacht zurück. Wenn es ausgiebig erlebt hat – ***wenn*** es das erlebt hat – , dass es geliebt wird, dass man ihm in Liebe, aus Liebe dient – in der Sprache des Evangeliums: dass man ihm „die Füße wäscht" – , ***dann*** wird es – im Lauf der Zeit und mit seinem Heranwachsen zunehmend, sogar mit Begierde und in Freude, das steht gar nicht in Frage! – es machen wollen wie die Großen!

„Mit Begierde und in Freude" erst mal an mich ranlassen, bei mir richtig und wirklich ankommen lassen: diesen Weg, den Jesus ans Kreuz gegangen ist; die Dynamik, die in seinem Tod gipfelt, auf mein Leben, auf mich selbst einwirken lassen: „Begreifst du, ***was*** ich an dir getan habe?" Darin besteht mein Ja – ganzheitlich, über alle Worte hinaus.

Und ***was*** darin ist eigentlich das Wunderbare? ***Wo***für hat Jesus für den Menschen, für mich gekämpft, so dass er schließlich von den Gegnern im Konflikt umgebracht wurde? ***Was*** war ihm da so wertvoll und wichtig, dass er bereit war, dafür mit dem Tod am Kreuz zu bezahlen?

Zusammengefasst kann man es sicher so sagen: Was er von Gott und dessen „Reich" ausgerichtet, verkündet, erklärt, verfügt, verkörpert, ... hat: Der Wert des Menschen misst sich nicht. Weder an dem, was er leistet, noch an dem, was er sich geleistet hat oder was er sich leisten kann. Weder moralisch oder religiös noch wirtschaftlich oder materiell. Höchstleistung erhöht seinen Wert ebenso wenig, wie das Niedrigste, das einer sich geleistet hat, seinen Wert mindert. Sondern: Meinen Wert, meine königliche Würde habe ich dadurch, dass Gott mich als sein Ebenbild geschaffen hat. Und dadurch, dass er sich danach sehnt, alle Verletzungen meines Wertes so gut und so schnell wie möglich wieder heilen zu können. Einfach weil er mich liebt. Es gefällt dir, Gott, Jesus, einfach, für mich da zu sein und mir gut zu tun, mir Gutes zu tun! Selbst wenn du dabei „drauf gehst"!

„Gott hat die Welt so sehr geliebt, dass er seinen einzigen Sohn hingab, damit jeder, der an ihn glaubt, nicht zugrunde geht, sondern das ewige Leben hat." (Johannes 3,16)

Und diese Liebe Gottes zu mir erst mal ausgiebig zu genießen, das ist der erste Schritt, der nicht übergangen werden darf! Fußwaschung!

Das Gegenstück dazu ist, wenn ein Mensch in seinem Lebenslauf, auf seinem Glaubensweg, diesen ersten Schritt überspringt - mit dem vorschnellen Bemühen, Anderen Gutes zu tun - aus Pflichtbewusstsein, gehorsam, weil er es soll oder muss. Das geht dann so aus, wie man es häufig und überall sehen kann bzw. muss: halbherzig und bange, selber dabei zu kurz zu kommen, oder im Sinne einer moralischen Leistung, für die man sich auf die Schulter klopfen möchte oder die man demonstrativ vor sich her trägt - zur vermeintlichen Pflege des eigenen Images.

Brot, das, statt gegessen zu werden, immer nur weitergegeben wird - aus lauter edlem Verantwortungsbewusstsein aller Beteiligten, anderen Gutes zu tun - , solches Brot wird ungenießbar und hart und deswegen schnell auch verschmäht und links liegen gelassen. Kraft, die wirklich zu einer allgemeinen Veränderung in Richtung auf Gottes Reich hin auf den Weg bringt, steckt da jedenfalls nicht drinnen.

Wer immer das Bewusstsein hat, sich seinen Wert, seine Wichtigkeit selbst erarbeitet und die Anerkennung seiner Position ***verdient*** zu haben, der muss natürlich mit aller Kraft gegen eine solche Einstellung zum Leben, zu der Jesus bewegt, protestieren und sie bekämpfen. Er riskiert ja, wenn so ein Prinzip sich durchsetzt, alles zu verlieren, was ihm sein „Leben" geworden ist. Geradezu tragisch wird es, wenn er im Erfolg für seine Mühen Gottes Lohn zu erkennen meint, angesichts des Leidens aber, das Jesus um der Menschen willen auf sich nimmt, mit dem Gott konfrontiert wird, der ***vor*** jeder Mühe und ***ohne*** jedes Verdienst den Menschen liebt: Der kann dann nur verzweifeln (wie Judas?) oder aber Jesus ans Kreuz bringen.

Dagegen wiederum: ***Wenn*** Jesus mir „die Füße wäscht" und ***wenn*** ich das zulasse – also wenn ich mir seinen Dienst an mir gefallen lasse, kann ich an ihm Anteil bekommen, Gemeinschaft mit ihm haben. So – und nur so, sagt er – kann das, worum es geht, bei und an und in mir ankommen und wirken und fruchtbar werden. So kann ich von ihm das bekommen und heil werden, glücklich werden in ihm. Er – er als Brot und Wein – will gegessen werden, getrunken werden, will Hunger und Durst stillen und dabei genossen werden, Freude bringen. Da ist die zentrale Frage: Lasse ich mir das gefallen? Lasse ich mir ihn gefallen?

Und wenn er mir dann die Füße gewaschen hat und mich die große Freude daran erfüllt, so dass ich davon überlaufe; und wenn die Dynamik dieser Liebe dann einfach in mir einen weiteren Ausgangspunkt gefunden hat und danach drängt, aus mir heraus weiter auszustrahlen und zu wirken, dann ... – dann, also in der Reihenfolge danach – eröffnet sich eine neue Blickrichtung:

„Wenn nun ich, der Herr und Meister, euch die Füße gewaschen habe, dann müsst auch ihr einander die Füße waschen. Ich habe euch ein Beispiel gegeben, damit auch ihr so handelt, wie ich an euch gehandelt habe."

Ja, wer diese wunderbare Erfahrung der alles übersteigenden Liebe Gottes gemacht hat – dankbar und froh: „Was für ein Gott!"; wer an solcher Erfahrung von Gottes Dienst Gefallen gefunden hat, wird – wie ein Kind – vor dieser Freude strahlen. Auf Andere wird dann einwirken, was ihn erfüllt. So kann Gottes Dienst an den Menschen Kreise ziehen. Solcher Aufbruch führt dann eine neue Zeit herbei: Aufbruch aus Unfreiheit aller Art, Aufbruch in eine lebenswerte Zukunft. Da werden die, die solche Erfahrung zur Kirche eint, „voller Eifer danach streben“ (vgl. Titus 2,14), auch einander die Füße zu waschen. Sie werden sich an Jesus ein Beispiel nehmen und so handeln, wie er an ihnen getan hat. Da braucht es keine moralischen Appelle und Belehrungen, sondern sie müssen einfach - von innen heraus - entsprechend handeln - getrieben vom Wirken des Heiligen Geistes.

So erfüllt Gott durch Jesus die alte Verheißung: *„Das wird der Bund sein, den ich nach diesen Tagen mit dem Haus Israel schließe - Spruch des Herrn: Ich lege mein Gesetz in sie hinein und schreibe es auf ihr Herz. Ich werde ihr Gott sein und sie werden mein Volk sein. Keiner wird mehr den andern belehren, man wird nicht zueinander sagen: Erkennt den Herrn!, sondern sie alle, Klein und Groß, werden mich erkennen - Spruch des Herrn.“* (Jeremia 31,33-34a)

Für die, die solche Erfahrung zur Festmahls-Gemeinschaft zusammenschweißt und durch deren Handeln er selber handelt und sein Leben hingibt, für sie ist das ein neuer Inhalt von Lebenserfüllung: Sie nehmen Anteil, lassen sich Anteil geben, Füße waschen und verleiben sich ihn selber ein - mit Haut und Haar, mit Fleisch und Blut, festgemacht am Mahl, bei dem sie ihn aufnehmen wie Brot, das allen Hunger stillt, und wie Wein, „der des Menschen Herz erfreut“ (Psalm 104,15). In hoffnungsvoller Vorfreude. Obwohl die unmittelbar bevorstehenden nächsten Ereignisse ihnen den Atem stocken lassen: Es ist schließlich Gründonnerstag, der Abend vor seinem Leiden, vor dem Karfreitag! Und Ostern und Auferstehung ist ihnen noch fern!

Wie das bei mir gewesen ist

Dass sich mir diese Perspektive so deutlich und gewichtig gezeigt hat, hat sicher mit der entsprechenden Reihenfolge in meiner Lebensgeschichte zu tun:

Ein wirkliches Zuhause hatte ich nicht: Mutter tot, Vater an Kriegsnachwirkungen leidend und meistens nicht da, und wenn, dann super-streng. Mit den beiden älteren Schwestern in zwei Zimmern zur Untermiete wohnend. Religion, Glaube, Kirche, Gott – das alles kam bei uns nicht vor. Aber im Anschluss an den Umzug aus Dresden nach Karlsruhe gab es – mir neu – plötzlich Religionsunterricht und dadurch auch Kontakt zur Kirche. Mir auch neu. Allerdings erlebte ich dort einiges, was mir die Gemeinde immer mehr zu einem Zuhause werden ließ: mit den Menschen, mit denen ich sonntags gemeinsam im Gottesdienst war, mit den Gleichaltrigen in der Gruppe unter der schützenden Hand des Pfarrers. Da konnte ich innerlich zur Ruhe kommen und mich fallen lassen. Da war man aufmerksam dafür, wie es mir ging. Ich ging gerne – wann immer möglich – sonntags in die Kirche. Ich begann zu verstehen: Der Gott, von dem der Pfarrer predigte, das war der, den ich in der Gemeinde ja erlebte. Was war das gut für mich!

An einem Sonntag hatte ich Dienst als Messdiener. Ich kniete an der Altarstufe. Weihrauch stieg mir in die Nase, verursachte mir Übelkeit. Mir wurde schummerig. Ich wusste, jetzt kam es nur darauf an, mich – mit gefalteten Händen kniend – schön gerade zu halten. Sehr bald merkte ich, dass ich die Herrschaft über mich verlor. Aber das machte mir keine Angst. Ich vertraute mich „der Situation" an; hier konnte mir ja nichts passieren. Schließlich begann ich, langsam zur linken Seite umzukippen. Ich ließ es geschehen. Und genau in diesem Augenblick fassten zwei Arme von hinten unter meine Achseln: Frau Erb hatte gesehen, wie es mir ging. Sie fing mich auf, nahm mich auf ihre Arme und trug mich hinaus an die frische Luft. Auf einem Stuhl sitzend, ich auf ihrem Schoß, tätschelte sie mich, bis es mir wieder gut ging.

In der Sprache des Evangeliums vom Gründonnerstag: Da wurden mir die Füße gewaschen.

Und immer wieder – vor allem in den schwierigeren Momenten, an denen es in den Jahren des Heranwachsens nicht mangelte – waren meine Erfahrungen mit der Kirche und der

Gemeinschaft in ihr durch diesen positiven und liebenden Geist geprägt, dass mir von daher eine Perspektive von Glauben zuwuchs, aus der heraus ich – ich war 18 – in mein Tagebuch eine Bemerkung schrieb, wie es mir mit Gott ging:

> Wenn ich an ihn denke, tröstet er mich über alles hinweg. Ja, ich bin wirklich glücklich. Und ich möchte gerne anderen Menschen von diesem Glück etwas abgeben. Wenn ich diese Absicht konsequent durchführen will, so steht am Ende nur ein Ziel: Priester werden. Doch möchte ich mich jetzt noch nicht festlegen und zuerst einmal abwarten, wie sich das Verhältnis zwischen mir und Dir, lieber Gott entwickeln wird. Gott, hilf mir bitte. Ich brauche ja Deine Hilfe. Ich möchte Dein Werkzeug sein, aber ein gutes, nützliches Werkzeug.

Nach Jahren der Suche klärte sich mein Weg dann dazu, im „Füßewaschen in der Art von Jesus“ meine Sache zu sehen.

9 Aus Entsetzen wird staunendes Vertrauen

Wenn ich in der Zeitung lese, dass in den USA mal wieder ein zum Tod Verurteilter hingerichtet wird, und wenn ich mir dann vorstelle, wie das ist mit dem elektrischen Stuhl oder mit der Giftspritze, dann packt mich jedes Mal neu das Entsetzen.

Mit einem Entsetzen solcher Art beginnt auch der Glaubensweg durch die „Drei Österlichen Tage vom Leiden, vom Tod und von der Auferstehung des Herrn“. Die Bibel-Texte des Karfreitags setzen da an: Das Lied aus dem alttestamentlichen Jesaja-Buch vom „Gottes-Knecht“, in dem Christen seit den Anfängen den leidenden Jesus beschrieben sehen, heißt es:

„Viele haben sich über ihn entsetzt, so entstellt sah er aus, nicht mehr wie ein Mensch." (Jesaja 52,14)

Und im Antwortpsalm ertönt die Klage:

„Zum Spott geworden bin ich all meinen Feinden, ein Hohn den Nachbarn, ein Schrecken den Freunden." (Psalm 31,12)

Und was da in der Passion alles an Folter und dergleichen beschrieben wird, ist auch wirklich entsetzlich:

„...ließ Pilatus Jesus geißeln. Die Soldaten flochten einen Kranz aus Dornen; den setzten sie ihm auf und legten ihm einen purpurroten Mantel um. Sie stellten sich vor ihn hin und sagten: Heil dir, König der Juden! Und sie schlugen ihm ins Gesicht... Sie übernahmen Jesus. Er trug sein Kreuz und ging hinaus zur sogenannten Schädelhöhe, die auf Hebräisch Golgota heißt. Dort

kreuzigten sie ihn ..." (Johannes 19,1-3.16-18)

Die Botschaft des Karfreitags ist für viele – und für viele bleibt es dabei – eine Botschaft des Entsetzens. Manche meiden sogar deshalb den Gottesdienst an diesem Tag. Das ist in gewissem Sinne ja auch logisch. Denn jemanden zum Bilde des eigenen Wesens zu nehmen, dem es so entsetzlich ergeht; sich mit ihm identifizieren, eins machen – geht das? Da würde ich ja zu einem Teil des Bildes werden, über das man sich nur entsetzen kann! Wenn schon der Wohltäter der Menschheit so entsetzlich behandelt wird, wie es die Leidensgeschichte erzählt, wie mag es dann mir ergehen? Und dazu gesellt sich der Blick auf das Elend von Menschen, die ein entsetzliches Schicksal, oft genug von Menschen gemacht, erleiden müssen – mit dem Ergebnis:

„Wer mich auf der Straße sieht, der flieht vor mir." (Psalm 31,12)

Am einfachsten ist es noch, eine Geldspende für die Opfer zu geben. Aber ihnen begegnen? Das Entsetzen packt uns immer wieder.

Nur – am allermeisten ist es Gott, den das Entsetzen packt, wenn er sieht, wie es unter den Menschen zugeht: Wie könnt ihr mir das antun? Womit hab ich das verdient? Warum ...?! – Das ist Gottes Stimme! *(vgl. GL 206 „O du mein Volk, was tat ich dir?!" – einer der gängigen Gesänge zur Passion)* Und er richtet das an die Menschheit, insbesondere und in erster Linie an die, die sich auf den Dialog mit ihm einlassen, an seine Glaubenden: Warum lasst ihr das zu?! Er ist voller Leidenschaft (auf lateinisch: Passion), wenn es darum geht, Menschen aus dem entsetzlichen Elend wieder herauszuholen, das sie sich und einander in ihrer „Souveränität" eingebrockt haben. Und dabei kennt er halt keine Rücksicht gegenüber sich selbst. Weil ihm alles, was das Heil der Menschen betrifft, wichtiger ist als sein eigenes Wohlergehen. *„Wir meinten, er sei von Gott geschlagen"*, hat es der

Prophetentext genannt (Jesaja 53,4) – so wie das auch heute noch verbreitet gesehen wird, wenn es einem schlimm ergeht: Wir machen das dann Gott zum Vorwurf: „von ***Gott*** geschlagen". Aber im Gegenteil: von den ***Menschen*** geschlagen! Und um uns davon zu heilen, um uns da herauszureißen, dazu nimmt ***er*** diesen schlimmen Weg auf sich. Damit es gilt, dass *„wir durch seine Wunden geheilt"* werden (Jesaja 53,5).

Und dann entsteht nach diesem ersten Teil des Weges durch die Drei Österlichen Tage, der von Entsetzen geprägt ist, ein nächster Schritt, der aber nicht ohne den ersten geht: Daraus erwächst Staunen. Wir können schon immer wieder staunen, wenn wir die Erfahrung machen: Ein anderer Mensch setzt sich ehrlich und echt und hilfreich für mich ein. Aber um Dimensionen größer ist das, was hier geschieht!

Das Entsetzen weicht der Überwältigung. Ein verblüffender Wechsel der Perspektive drängt sich geradezu zwingend auf: Hier fängt das Leben völlig neu an! Was da geschieht, kann man eigentlich nur Gott zutrauen. Und so etwas traut man Gott nur zu, wenn man das Bild von Gott sich vom barmherzigen Jesus hat formen lassen. Verwunderung, die sich kaum in Worte fassen lässt. Verwunderung, die gepaart ist mit der Gewissheit: Hier geschieht etwas völlig Anderes als gewohnt, völlig Anderes auch als befürchtet und als erhofft: noch viel Größeres. Und das will mich einbeziehen, will jeden Menschen einbeziehen, der es zulässt – keinen per Zwang.

Und das Entsetzen verwandelt sich in Staunen über den ganz anderen Weg, den Gott nimmt, um auf das Leben der Menschen rettend und heilsam einzuwirken; um in der Welt immer mehr zur prägenden Kraft zu werden; zum „Herrn" der Welt! Und um nur ja jeder Angst vor dem „Herrn" zuvorzukommen, zeigt er hier: Für euch Menschen nehme ich alles auf mich. Und ihr, die Gemeinschaft der Glaubenden, die ihr das weitersagt und überliefert und durch eure dienende Mitwirkung weiter vermittelt, erinnert euch an mein Wort:

„Ihr wisst, dass die Herrscher ihre Völker unterdrücken und die Mächtigen ihre Macht über die Menschen missbrauchen. Bei euch soll es nicht so sein, ...“ (Matthäus 20,25-26)

So kann die Erfahrung wachsen: *„Er hat uns geschenkt, dass wir, aus Feindeshand befreit, ihm furchtlos dienen ...“* (Lukas 1,74)

Dem entsprechend alle Ängste abbauend, ja ihnen zuvorkommend, wurde er ja erst mal von der Mutter Maria als Kind zur Welt gebracht und von der „Mutter Kirche“ nicht nur an Weihnachten und nicht nur in Madonnen-Plastiken und -Bildern zunächst so vor Augen geführt, dass er um Gottes Willen hoffentlich keinen erschrecken wird – als Kind: Dieser „Herr“ wird einem sicher nichts Schlimmes antun, wie man es von den Mächtigen und den herrschenden Kräften dieser Welt kennt.

Entsprechendes geschieht dann ja auch in der Feier der Osternacht. Vom Feuer, das einem wirklich Angst machen kann, ist da nicht nur die Rede wie in den Worten des Täufers Johannes – *„Er wird euch mit dem Heiligen Geist und mit Feuer taufen.“* (Lukas 3,16) – und von Jesus selbst – *„Ich bin gekommen, um Feuer auf die Erde zu werfen.“* (Lukas 12,49) Nein, in der Osternacht brennt das Feuer real. Und mehr als einmal sind schon Menschen beim Funkenflug oder bei von einem Windstoß zur Seite gewuchteten Flammen des „lodernden Feuers“ (wie es dann im Exsultet angstfrei besungen wird) zurückgewichen. Aber dann – eben im geschützten Raum der Kirche und ihres deutenden Ritus – kann man es erleben: Dieser „Herr“, auch wenn er wie „Feuer“ begegnet, macht nicht nur keine Angst, sondern er befreit von ihr: Wer auch immer teilnimmt, sich einlässt auf diese feiernde Begegnung, erhält von dem lodernden Feuer eine Handvoll – domestiziert, gezähmt, leuchtend, wärmend: auf die eigene Osterkerze in der Hand eine Flamme vom Osterfeuer – Zeichen für den Herrn der ganzen Welt!

Verwunderung, dass es so etwas geben soll: dass ***er***, der Hingerichtete, Geschändete, schlimm entsetzlich Zusammengeschlagene ***der*** Herrscher über alle Mächte dieser Welt ist?! Der aber halt anders herrscht und auf die Zustimmung derer angewiesen ist, bei denen er herrschen soll nach deren eigenem Wunsch und ihrer Sehnsucht. Nur ja ohne Ängste! Damit das Entsetzen, das ja erst einmal Angst größter Art auslöst, abgelöst wird durch Vertrauen.

Und diese Verwunderung voller Vertrauen bricht sich schon am Karfreitag Bahn – in der ihn anbetenden Verehrung des Kreuzes, das neu allen vor Augen gehalten wird. Und im weiteren Verlauf des Weges durch die Drei Österlichen Tage kann das dann – als eine Art Verdichtung des eigenen Lebensweges – zu einem weiteren Schritt führen, zum Auf-die-Knie-Fallen: *„Mein Herr und mein Gott!"* (Johannes 20,28) Was du Großes getan hast, ich kann es nicht fassen. Aber ich merke, es ist eine ganz neue Welt, und es ist ein Leben, das sich mir bisher noch gar nicht erschlossen hatte. Aus solchem Erstaunen heraus will neues Leben geboren werden.

Ostern.

Warum eigentlich musste das so weit kommen?!

Weswegen „musste" Jesus am Kreuz sterben? Wofür ist er gestorben? Was war ihm so wertvoll und wichtig, dass er bereit war, dafür mit dem Tod am Kreuz zu bezahlen?

Nach den Erzählungen der Evangelien wendet Jesus sich auf ungewöhnliche Weise Menschen zu. Durch die Art, wie er ihnen begegnet, wird ihr Leben heil: Lähmung von Händen und Beinen, Lepra, Blindheit, Taubheit, permanente Blutung, Rückgratverkrümmung, ... überwindet er und befreit die Menschen aus

Isolation und Verachtung, aus der Behinderung ihrer Kontakt- und Beziehungsfähigkeit. Menschen, die wegen ihrer Schuld – oder was als solche gilt – verachtet oder abgelehnt werden, vermittelt er unbefangen und ohne Berührungsängste die Erfahrung von Versöhnung, von Integration und Wertschätzung. So und auf vielerlei andere Weisen verhilft er Menschen zu einer Lebensqualität, die ihrer Würde gerecht wird und sie in die Lage versetzt, selbstverantwortlich ihr Leben in die Hand zu nehmen, so dass es auf wertvolle Weise gelingen kann.

Aber wer in Krankheiten aller Art eine Strafe Gottes sieht und die gottgewollte Ordnung des gesellschaftlichen Zusammenlebens durch einen all zu freizügigen Umgang mit solchen „Gestraften" gefährdet sieht, stört sich an diesem Jesus und seinem Tun. Zumal er ja dabei auch noch die heilige Regel des Arbeitsverbots am Sabbat verletzt, indem er Kranke am Sabbat heilt oder Menschen in Schutz nimmt, die gegen das Sabbatgebot verstoßen, indem sie unterwegs aus Hunger Getreideähren „ernten" und essen. Und wer meint, nur Gott könne Sünden vergeben, in Jesus aber nicht Gott am Werk sehen kann, wirft ihm natürlich am Ende „Gotteslästerung" vor.

Er aber sagt, das alles tue er in Gottes Vollmacht und Gott will das so. Und er weist seine Gegner darauf hin, dass sie das selber eigentlich aus der von ihnen heilig gehaltenen Bibel wissen sollten. Um seine Position in der Auseinandersetzung verständlich zu machen, erzählt er einleuchtende Gleichnisse, gibt Statements ab, argumentiert mit Bibelzitaten, ...

Seine Gegner werden immer wieder „Schriftgelehrte" und „Pharisäer" genannt, auch ein Synagogenvorsteher. Sie sind einflussreiche religiöse Autoritäten. Was tun sie in der Auseinandersetzung? Sie lachen über ihn oder reagieren verächtlich. Sie wollen ihm eine Falle stellen, wollen ihn festnehmen, lauern ihm auf und schicken Spitzel, die sich fromm stellen und ihn bei einer unüberlegten Antwort ertappen sollen, denn sie suchen einen Grund zur Anklage vor Gericht. Schließlich sind sie von sinnloser Wut erfüllt und beraten, was sie gegen Jesus unternehmen könnten. Sie suchen, ihn umzubringen bzw.

nach einer Möglichkeit, ihn unauffällig zu beseitigen.

Bei all dem ist Jesus allerdings nicht nur Opfer von Anfeindungen, sondern er inszeniert selber auch immer wieder aktiv, ja geradezu provozierend den Konflikt: Er nimmt kein Blatt vor den Mund und entlarvt und beschimpft seine Gegner als inkonsequent und unaufrichtig in ihrer Frömmigkeit. Und er wird sogar handgreiflich: *„Dann ging er in den Tempel und begann, die Händler hinauszutreiben. Er sagte zu ihnen: In der Schrift steht: Mein Haus soll ein Haus des Gebetes sein. Ihr aber habt daraus eine Räuberhöhle gemacht." (Lukas 19,45-48)*

Jesus selber sieht die Zuspitzung des Konfliktes kommen. Er weicht ihr aber nicht aus, vielmehr führt er sie durch sein konsequent profiliertes Verhalten herbei – und stellt seine Jünger darauf ein:

„Der Menschensohn muss vieles erleiden und von den Ältesten, den Hohenpriestern und den Schriftgelehrten verworfen werden; er wird getötet werden, ..." (Lukas 9,22)

Da gibt es für ihn gar keine Frage: Gottes Wille, Menschen zu heilen, zu retten, zu befreien, so dass sie (wieder) fähig werden zum (Miteinander-)Leben, – das ist Jesus eindeutig das Allerwichtigste in seinem Leben. Das ist einfach sein Leben, sein „Ding", seine Identität. Selbstverständlich ist ihm das wichtiger, als seine eigene Haut zu retten. Er würde sich ja sonst selbst verraten und sein Leben verfehlen, gar zerstören.

Jemand – ich weiß leider nicht mehr, wer – sagte einmal sinngemäß: Die Zöllner und „Sünder" (eben die er befreit, geheilt oder gerettet hat) sind sicher die Ersten gewesen, die damals gesagt haben: Für uns ist er gestorben!

Wer sich heute selber im Strom der (Nach-)Wirkungen dieses Jesus sieht, kann nur einstimmen in diesen Chor und dankbar auf die Knie fallend ihn anbeten: *„So sehr hat Gott die Welt geliebt ...!"* (Johannes 3,16) Sich vertrauensvoll da hineinnehmen zu lassen, ermöglicht jedes Jahr die „Kreuzverehrung" in der „Feier vom Leiden und Sterben Christi" am Karfreitag.

10 Das hat Konsequenzen

Wen wollt ihr – Jesus oder Barabbas?! So ruft Pilatus dem Volk zu (vgl. Matthäus 27,17 und Johannes 18,39).

Später rief ein Anderer: „Was wollt ihr – Butter oder Kanonen?!"

Und vor wenigen Jahrzehnten stellten uns Politiker vor die Frage: Was wollt ihr – Sozialleistungen oder Raketen?!

Es gibt in der christlichen Literatur, in Texten der kirchlichen Liturgie und im Beten vieler Christen die Vorstellung: Christus ist gestorben – nicht nur das eine Mal damals, sondern er stirbt auch heute. Sein Leben war nicht nur damals bedroht, so dass, seitdem er einmal auferstanden ist, im Grunde alles gelaufen und ungefährlich wäre, sondern sein Leben ist auch heute bedroht, zutiefst bedroht.

Der Evangelist Johannes – so sind sich die Bibeltheologen ziemlich einig – legt sehr bewusst dem Pilatus das Wort in den Mund – in dem Augenblick, als er den geschundenen Jesus der Menschenmenge vorführt – das Wort, das auf Lateinisch viel besser bekannt ist als auf Deutsch und das auch in der Kunst einen starken Niederschlag gefunden hat: *Ecce homo – „Seht, da ist der Mensch!"* (Johannes 19,5) Der Evangelist weist darauf hin: Dieser geschundene Jesus von Nazaret stellt den Menschen schlechthin dar, das heißt aber für uns: den Menschen unserer Tage.

Und in der Feier der Drei Österlichen Tage beginnt der Teil am Karfreitag-Nachmittag mit einem Gebet, in dem die Rede davon ist, dass wir nach dem Gesetz der Natur das Abbild des ersten Adam an uns tragen. In dem Gebet ist dann die Bitte an den Vater angefügt: „Hilf uns durch deine Gnade, das Bild des neuen Adam" – und „Adam" heißt auf Deutsch „Mensch" – „in uns auszuprägen und Christus ähnlich zu werden". Christus ähnlich werden – beim Gedenken an den Tag, an dem Christus stirbt?!

Beim Gedenken an das Leiden und das Sterben von Jesus, dem Christus, können wir es uns nicht leisten, unsere Gedanken über sein Leiden in harmlose Bahnen abgleiten zu lassen.

Wer soll überleben, um dann das Sagen zu haben – Jesus oder Barabbas? – Barabbas war *„ein berüchtigter Mann"* (Matthäus 27,16), *„ein Straßenräuber"* (Johannes 18,40). Wahrscheinlich ein gewaltbereiter politischer Aufrührer.

Ja, Christus stirbt auch in unserer Zeit. Weil Menschen „Barabbas" vorziehen. Und der hat viele Gesichter – unterschiedlich je nach Epoche und Region ... In unserer Zeit stellt sich das Problem vielleicht am schärfsten in der Gestalt von Fragen wie „Kurzsichtig Habgier befriedigen oder das Weltklima nachhaltig hegen?" oder „Soziale Gerechtigkeit für die Armen oder maximaler Profit für die Reichen?" Da die aktuelle Schärfe aber nur eine vom hier anstehenden grundlegenden Thema ablenkende Diskussion auslösen würde, nehmen wir besser das Beispiel, das vor 30 Jahren besonders akut war, das heute zwar nur schlummert, aber nicht gleich ganz so heftig die Gegenstimmen auf den Plan ruft: „Sozialleistungen oder Raketen?"

Damals war der Ruf nach Barabbas der nach Kanonen und Raketen. Und selbst im Raum der Kirchen gab es diesen Ruf immer wieder – unabhängig davon, wie riskant das Wettrüsten bereits geworden war.

Zwar scheute man sich zunehmend, die Theorie von einem „gerechten Krieg" zu lehren und zu verkünden. Statt dessen verwies man aber in diesem Zusammenhang verbreitet auf die Theorie von der „sittlich erlaubten Verteidigung": Als christlicher Standpunkt galt – durchaus mehrheitlich – die Argumentation, man könne es doch nicht zulassen, weniger stark gerüstet zu sein als die „Anderen".

Jesus hätte zwar sicher nie gesagt, der Mensch habe nicht das Recht, sich zu verteidigen. Alle Stimmen aber, die im Raum der Kirchen mit Berufung auf die sittlich erlaubte Verteidigung argumentierten, hielten sich dabei nicht an Jesus Christus, sondern an die Philosophie des „Naturrechts".

Noch mal zur Erinnerung das Eröffnungsgebet vom Karfreitag: Das Gesetz der Natur tragen wir wohl an uns; aber das gehört zum „alten Adam". Christen können schließlich nicht Christus ignorieren, wenn doch Christus das Zentrum unseres Daseins sein soll! „Hilf uns durch deine Gnade, Christus ähnlich zu werden."

Und gerade wenn wir die Leidensgeschichte von Jesus uns lebhaft vor Augen halten lassen, drängt sich in diesen Drei Österlichen Tagen besonders die Klarheit auf: Wäre nicht seine Verteidigung in höchstem Maße sittlich erlaubt gewesen?! Niemand käme doch auf den Gedanken, das in Frage zu stellen. Aber er, dem wir ähnlich werden wollen (?), lehnt für sich diese Verteidigung durch Mittel der Gewalt ab (vgl. Matthäus 26,50 und 53). Er sagt Ja zu seinem eigenen Leiden. Er sagt Ja zu seinem eigenen Sterben.

Die Entscheidung „Jesus oder Barabbas" hieß damals „Vertrauen auf militärische Waffen oder Vertrauen auf die Auferstehung aus dem Tode mit Jesus Christus". Denn es musste ja klar sein: Der Verzicht auf militärische Rüstung oder eine Vorleistung im Abbau militärischer Rüstung – das eröffnete das Risiko, in der Nachfolge Christi politisch zu scheitern, vielleicht sogar zu sterben. Aber wo bliebe im anderen Fall das Vertrauen auf ihn, der sagt: „Wer um meiner und meiner Botschaft willen das Leben riskiert, der wird es gewinnen." (vgl. Matthäus 16,25)...?!

In einer Zeit, in der es in der Realpolitik um die Frage nach militärischen Kommandozentralen im Weltraum ging, um den Ruf nach einem Vorsprung bei der Entwicklung von Killer-Satelliten zum Schutz von Weltraumstationen und von Laser-Abwehrwaffen gegen Angriffe mit ballistischen Raketen, verschlang das Wettrüsten horrende Summen an Geld. Zugleich war – angesichts von jährlich Millionen Hungertoter weltweit – immer weniger Geld da zur Befriedigung elementarer, wirklich „lebenswichtiger Interessen" von Menschen. Viele sahen es und sprachen es aus: „Christus stirbt heute!"

Wollt ihr Jesus oder Barabbas?!

Schon das 2. Vatikanische Konzil hatte 1965 eine klare Position als die der Kirche veröffentlicht – ausdrücklich dem Argument „gerechter Verteidigung" entgegengesetzt: „Jede Kriegshandlung, die auf Vernichtung ganzer Städte oder weiter Gebiete und ihrer Bevölkerung unterschiedslos abstellt, ist ein Verbrechen gegen Gott und gegen den Menschen, das fest und entschieden zu verwerfen ist." (Gaudium et spes, Nr. 80) Allerdings wurden damals in Deutschland-West wie -Ost – ebenso wie mehr oder weniger überall – solche Kriegshandlungen vorbereitet: Material wurde bereitgestellt, und Menschen wurden dazu ausgebildet, dass sie in irgendeiner Situation – die zwar keiner erhoffte – eine solche Handlung begehen konnten!

Und Papst Paul VI. hatte 1967 in seiner Enzyklika „Populorum Progressio" ein anderes Argument hinzugefügt: „Wenn so viele Völker Hunger leiden; wenn so viele Familien im Elend sind; wenn so viele Menschen in Unwissenheit dahin leben; wenn so viele Schulen, Krankenhäuser, richtige Wohnungen zu bauen sind, – dann ist jede öffentliche und private Vergeudung, jede aus nationalem oder persönlichem Ehrgeiz gemachte Ausgabe, dann ist jedes die Kräfte erschöpfende Wettrüsten ein unerträgliches Ärgernis." (Nr. 53)

Zwar hat er es weiter ertragen; wir ertrugen es alle weiter. Immerhin hat er angefügt: „Wir müssen das anprangern!" (Nr. 53); und das tat er auch. Im Zusammenhang einer Verteidigung des Grundrechtes auf Leben zum Beispiel beklagte er nach einer eindrucksvollen Aufzählung diverser aktueller Bedrohungen dieses Grundrechts: „Der Rüstungswettlauf aber ist für die ganze Welt ein kostspieliger Wahnsinn, erzeugt er doch die Mittel, mit denen eine noch weit größere Zerstörung des Lebens möglich wird." (aus der „Gemeinsamen Botschaft des Papstes und der Weltbischofssynode über Menschenrechte und Versöhnung" vom 23.10.1974) Jeder, der in irgendeiner Form für das Recht auf Leben spreche, müsse sich also noch mehr gegen das Wettrüsten stark machen. Und derselbe Paul VI. im Jahr 1978: „Der Rüstungswettlauf ist wirklich ein Skandal."

Für Rüstungszwecke wurde viele Jahre lang immer mehr Geld verlangt und zum Teil auch ausgegeben. Und ausgelacht und verhöhnt – eben wie Jesus – wurden (werden?) dann alle, die verlangten, es müsse ganz im Gegenteil weniger Geld für Rüstung ausgegeben werden zu Gunsten der Entwicklungsländer. Johannes Paul II. setzte 1981 in Hiroshima fort: „Im Angesicht eines möglichen Krieges und des möglichen Atomtodes gibt es heute keine Rechtfertigung mehr dafür, die Verantwortlichkeit jeder Nation und jeder Einzelperson für diese Entwicklung zu umgehen." Verantwortlichkeit jeder Einzelperson! – Ja, wir sind gefragt: Jesus (und alles, was das bedeutet) oder Barabbas (und alles, was das bedeutet). Wir sind gefragt. Auch heute. Sicher auch in Fragen wie denen, die hier oben aus taktischen Gründen (feige die Angriffe scheuend? inkonsequent?) ausdrücklich hintangestellt wurden.

Auf dem Hintergrund der Bitte „Gott, schenk uns deine Gnade, Christus ähnlich zu werden" sagte ich in der Predigt am Karfreitag 1981:

„Da müssen wir unsere Verantwortung sehen. Und die muss konkret wahrgenommen werden. Da reicht es dann nicht mehr, dass wir ganz theoretisch und abstrakt und allgemein uns zum

Abrüsten bekennen und zur Hilfe für die Entwicklungsländer. Nein, da werden wir uns etwas Konkretes einfallen lassen müssen. Und keiner wird sich aus der Verantwortung stehlen können. Denn, recht betrachtet, Christus stirbt heute – millionenfach. Und das Leben von Christus ist bedroht – heute – millionen- oder gar milliardenfach. Wie antworten wir? Jesus? Oder Barabbas? Im weiteren Fortgang der Liturgie ist unsere Antwort eindeutig. Möge sie uns dazu bewegen, dass wir diese eindeutige Antwort nicht nur in der Liturgie geben, sondern in unserem ganzen Leben – eben: Schenke uns die Gnade, Christus ähnlich zu werden!"

11 Das neue Leben wird besiegelt

Nacht.

Die Nacht einer unmenschlichen Politik. Die Nacht schwer belastender Lebensumstände, fehlender Perspektive, Feindseligkeiten in der Familie, schwerer Krankheit, …………

Nacht.

Wir stellen uns der Nacht. Aller Nacht dieser Welt und aller Nacht in unserem eigenen Leben.

Mit solchen Worten haben wir in der jährlichen Feier der Drei Österlichen Tage oft die gemeinsame Osternacht angefangen – unter freiem Himmel – nach einer langen Minute des Schweigens, die vom Glockenschlag der Kirchturmuhr eingeführt wurde. Wir: die im Kreis versammelte Gemeinde im Dunkel der Nacht. Ohne eine brennende Lampe in der Umgebung; auch die Straßenlaternen waren ausgeschaltet.

Dann wurde – ohne Worte – der vorbereitete Holzstoß angezündet. Wir waren einfach da und nahmen sinnlich die Eindrücke des zunehmenden Feuers in uns auf, bis seine hoch und weit reichenden Flammen die Gesichter der Anwesenden für die Anderen in der Runde erkennbar machten.

In dieser Osternacht, durch die dunkle Nacht des Todes hindurch, ist Jesus Christus, der Gekreuzigte, auferstanden. In neues Leben hinein. Als erster von uns allen! Auf der ganzen Welt hält deshalb die Kirche diese Nacht heilig. Staunend über das Feuer, das Jesus Christus heißt. Fasziniert von ihm, der in alle harte, kalte Nacht neues warmes Licht bringt. Im Schein dieses Feuers können wir einander neu sehen und erkennen. Ja, neues Leben feiern wir in dieser Nacht: ihn, Jesus Christus!

Wir tun es in 4 Schritten:

Zuerst einmal will er bei uns ankommen und als das neue Licht unter uns zu wirken beginnen.

In einem zweiten Teil spricht er sich selber als Gottes Wort für uns aus: Botschaft von Ursprung, Sinn und Zukunft unseres Lebens.

Mit neuem Taufwasser werden wir danach unseres eigenen Ostern inne: Wir bekräftigen unser Taufversprechen und damit unsere Entschiedenheit zu einem Leben aus dem Glauben an Jesus Christus.

Mit Brot und Wein feiert dann der Auferstandene mit uns das heilige Mahl.

Und schließlich werden wir hinterher in geselliger Freude hier im Gemeindezentrum bis in die Morgenstunden hinein weiter feiern.

Die Osterkerze wurde am Feuer entzündet. Mit dem Einzug der Gemeinde unter Gesang in die dunkle Kirche breitete sich das Licht des Feuers von der Osterkerze aus auf die Kerzen aller Teilnehmenden. Das „Exsultet", das festlich gesungene Lob auf die Osterkerze beschloss die Lichtfeier.

***Christus** ist das Licht, das diese Nacht zur heiligen Nacht erhellt. In diesem Licht können wir unser Leben und die ganze Welt neu sehen. Im Glanz des österlichen Lichtes hören wir deshalb jetzt auf das, was Gott uns mit dieser Nacht sagen und zeigen will. Wir nehmen uns Zeit, hinzuhören auf die Botschaft der Bibel: wie Gott sich immer wieder von Anfang an des Menschen angenommen und sein Volk geführt hat – bis dahin, dass er schließlich seinen Sohn als Erlöser zu uns geschickt hat.*

Ja, um zentrale Aspekte in Gottes Geschichte mit den Menschen geht es in den nächtlichen Lesungen aus dem Alten Testament. Im Hinhören auf diese Bibelabschnitte – in möglichst gelassener Ruhe und ohne Zeitdruck (wie es eben echtem Feiern entspricht) – kann man das lange Warten des Volkes Israel mit all seinem Dunkel noch einmal durchschreiten, um die eigene Geschichte darin zu erkennen: Ursprung, Sinn und Zukunft. Allen, die das vertrauend auf sich einwirken lassen, an sich „ranlassen", gibt Gott damit die Chance einer neuen Perspektive: Wir können uns seine Sicht der Dinge zu eigen machen, so dass er die Weichen neu stellen kann: Menschen zum Aufleben zu bringen, zu befreien und zu retten.

In manchen Jahren haben wir dabei – wie es gelegentlich auch in anderen Gemeinden üblich ist – ein rituelles Element aus dem Brauchtum des Pessach in der jüdischen Familie in abgewandelter Form übernommen: Wie bei jenem alljährlich gefeierten festlichen Mahl zur Erinnerung an die Befreiung Israels stellte auch bei uns „der (oder die) Jüngste" folgende Frage an den „Familienvater":

Warum ist diese Nacht ganz anders als alle andern Nächte? Warum hören wir, was ganz früher gewesen ist? Warum gehen wir da zurück bis zum Anfang?

Mit der persönlich formulierten Antwort erhielt – nicht nur – der „Jüngste" eine Anregung, aus dem dann folgenden Bibeltext jeweils Gottes (!) aktuelle österliche Botschaft für den Weg durch das heutige Leben zu erkennen.
Und das fing immer an – entsprechend der überlieferten kirchlichen Ordnung – mit den allerersten Worten der Bibel, dem Lobeshymnus auf den Schöpfer und sein Werk.

Viele Menschen fragen sich: Wer bin ich eigentlich? Und du und ich und wir alle sollen es neu ***sehen****: Gott hat die Welt schön gemacht, in der wir leben. Und wir sind von Gott geliebt, von Gott gewollt. Wenn ich das weiß, dann kann ich in jeder Situation immer wieder anfangen, richtig lebendig zu werden. Deshalb hören wir jetzt vom Anfang.*

Nach dem Hören dieses Textes (Genesis 1,1 – 2,2), auf den wir dann mit einem im Wechsel gesungenen Teil aus dem wunderschönen Schöpfungs-Psalm 104 geantwortet haben, nach einer „Verdauungs"-Stille und einem alle wieder zusammenführenden kurzen Gebet folgte der nächste Abschnitt:

Warum ist diese Nacht ganz anders als alle andern Nächte? Warum hören wir Erzählungen aus ganz alter Zeit? Das ist doch alles schon so lange her! Was hat das mit uns zu tun?

Weil es vor langer, langer Zeit ***eine*** *Nacht gab, mit der es für uns losging. – Du hast das ja selber schon erlebt: Da will man frei sein, und dann muss man so vieles. Ja, allen Menschen wird das Leben immer wieder sehr eingeschränkt. Den Erwachsenen oft noch mehr als den Kindern. – Aber Gott hat uns zur Freiheit berufen! Und er* ***führt*** *uns in die Freiheit. –* ***Dass*** *Gott der Befreier und der Retter ist, das hat er uns zum ersten Mal und am deutlichsten in einer Nacht gezeigt, die schon über 3000 Jahre zurückliegt. Von dieser Nacht lassen wir uns jetzt erzählen.*

Die Nacht der unglaublichen Rettung des ganzen Volkes aus dem unabänderlich bevorstehenden Untergang! (Exodus 14,15-15,1) Die Nacht, an deren Ende es von den Geretteten heißt – als Ergebnis ihrer Erfahrung mit Gott:

Sie glaubten an den Herrn und an Mose, seinen Knecht.
Damals sang Mose mit den Israeliten dem Herrn dieses Lied; sie sagten: Ich singe dem Herrn ein Lied, denn er ist hoch und erhaben. ...

Und wir fielen in dieses Lied ein. Im Bewusstsein: Wir sind gemeint. Wir heute.

... Kraft und Stärke ist mir der Herr, er wurde mein Retter. (Exodus 1,1-21)

Worte (Gottes aus) der Bibel, gehört und gesungen, stille Momente zur persönlichen Verarbeitung und Worte des Gebets im rhythmischen Wechsel des österlichen Ritus. Da wächst das Fest. Freude in Klarheit.

Diese Nacht: ein Riesenschritt in Gottes gute Zukunft für alle. Hier wird die Freundschaft deutlich, die er mit seinem Volk geschlossen hat und die er durch Christus jetzt vollendet. Da öffnet sich der Weg für alle, die Durst haben nach mehr Leben. Wenn einem das klar geworden ist – wer wollte das verschlafen?!

So spricht der Herr: Auf, ihr Durstigen, kommt alle zum Wasser! Auch wer kein Geld hat, soll kommen. Kauft Getreide und esst, kommt und kauft ohne Geld, kauft Wein und Milch ohne Bezahlung! ...

Ich will einen ewigen Bund mit euch schließen gemäß der beständigen Huld, die ich David erwies. ...

... Denn wie der Regen und der Schnee vom Himmel fällt und nicht dorthin zurückkehrt, sondern die Erde tränkt und sie zum Keimen und Sprossen bringt, wie er dem Sämann Samen gibt und Brot zum Essen, so ist es auch mit dem Wort, das meinen Mund verlässt: Es kehrt nicht leer zu mir zurück, sondern bewirkt, was ich will, und erreicht all das, wozu ich es ausgesandt habe. (Jesaja 55,1-11)

Und die gesungene Antwort:

Gott ist mein Heil, ich habe Vertrauen und fürchte mich nicht. Der Herr ist meine Kraft und meine Stärke, er ist mein Heil. Mit Freuden schöpfet Wasser aus den Quellen des Heils. Ihr sagt an jenem Tag: Danket dem Herrn, preist seinen Namen! Macht seine Taten kund unter den Völkern! (Jesaja 12,2-6)

Warum ist diese Nacht ganz anders als alle andern Nächte? Sonst gucken wir am Abend Fernsehen oder spielen. Aber heute feiern wir, wie schön das Leben sein kann. Warum ist diese Nacht so anders?

Weil wir hier den Gott finden, der mit uns neu anfängt. ... so dass ... der Traum von der heilen Welt wahr wird.

... Ich schenke euch ein neues Herz und lege einen neuen Geist in euch. Ich nehme das Herz von Stein aus eurer Brust und gebe euch ein Herz von Fleisch. Ich lege meinen Geist in euch und bewirke, dass ihr meinen Gesetzen folgt und auf meine Gebote achtet und sie erfüllt. ... Ihr werdet mein Volk sein und ich werde euer Gott sein. (Ezechiel 36,16-17a.18-28)

So rückt die Zeit der Feier immer weiter vor und mit ihr die Annäherung an die Mitte des Geschehens – im Lesen des Buches nicht nachvollziehbar, höchstens zu erahnen – , bis dann das Ereignis benannt wird, der zentrale Grund für die große Festfreude: das Zeugnis der Ersten, die nach dem, was sie erlebt haben, nur davon erzählen können, und was sie darin verstanden haben, zu beschreiben versuchen. Mit Worten des Apostels und des Evangelisten will Gott uns das nahe bringen. Sie können uns Ohren, Augen und Herz aufschließen, so dass wir ahnen: Das ist unser Heute – konzentriert beschriebener Inbegriff der Realität und ihrer Chancen, da der gekreuzigte und auferstandene Jesus Christus sich anbietet – als Zentrum unseres eigenen Lebens!

Der Apostel Paulus:

Wir alle, die wir auf Christus Jesus getauft wurden, sind auf seinen Tod getauft worden. Wir wurden mit ihm begraben durch die Taufe auf den Tod; und wie Christus durch die Herrlichkeit des Vaters von den Toten auferweckt wurde, so sollen auch wir als neue Menschen leben. Wenn wir nämlich ihm gleich geworden sind in seinem Tod, dann werden wir mit ihm auch in seiner Auferstehung vereinigt sein. ... Sind wir nun mit Christus gestorben, so glauben wir, dass wir auch mit ihm leben werden. Wir wissen, dass Christus, von den Toten auferweckt, nicht mehr stirbt; der Tod hat keine Macht mehr über ihn. ... (Römer 6,3-11)

Und der Evangelist Lukas:

Am ersten Tag der Woche gingen die Frauen mit den wohlriechenden Salben, die sie zubereitet hatten, in aller Frühe zum Grab. Da sahen sie, dass der Stein vom Grab weggewälzt war; sie gingen hinein, aber den Leichnam Jesu, des Herrn, fanden sie nicht. Während sie ratlos dastanden, traten zwei Männer in leuchtenden Gewändern zu ihnen. Die Frauen erschraken und blickten zu Boden. Die Männer aber sagten zu ihnen: Was sucht ihr den Lebenden bei den Toten? Er ist nicht hier, sondern er ist auferstanden. Erinnert euch an das, was er euch gesagt hat, als er noch in Galiläa war: Der Menschensohn muss den Sündern ausgeliefert und gekreuzigt werden und am dritten Tag auferstehen. Da erinnerten sie sich an seine Worte.

Und sie kehrten vom Grab in die Stadt zurück und berichteten alles den Elf und den anderen Jüngern. Es waren Maria Magdalene, Johanna und Maria, die Mutter des Jakobus; auch die übrigen Frauen, die bei ihnen waren, erzählten es den Aposteln.

Doch die Apostel hielten das alles für Geschwätz und glaubten ihnen nicht.

Petrus aber stand auf und lief zum Grab. Er beugte sich vor, sah aber nur die Leinenbinden dort liegen. Dann ging er nach Hause, voll Verwunderung über das, was geschehen war.

(Lukas 24, 1-12)

Ach, was ist das ein trübes Leben: Er ist tot! – Sie wollen also tun, was man noch tun kann: nach altem Brauch den Leichnam salben. Alles Andere wäre doch sinnlos.

Und dann werden sie konfrontiert – erschreckend – mit fremden Männern, die da fremde Worte aussprechen und sagen: Es kommt von Gott.

Zu ihrem Glück und zu unserem Glück lassen sie sich darauf ein – auf das, was ihnen gesagt wird. Und jetzt – achten Sie gut darauf, wie Ostern Wirklichkeit wird, wie es anfängt zu wirken, wie es die Welt neu macht: Sie lassen es sich sagen, lassen sich darauf ein, sehen jetzt die Realität in einem anderen Licht, nämlich im Lichte dieser guten Nachricht, dieses Evangeliums. Und mit dieser Perspektive stellt Gott Weichen neu, weil – logisch – die Frauen jetzt, nach dem, was sie sehen, auch handeln: Sie gehen. Sie haben das allzu Vernünftige, das allein angeblich Sinnvolle, einfach bleiben lassen: Sie suchen den Toten nicht mehr bei den Toten, sondern jetzt suchen sie den Lebenden bei den Lebenden.

Und dann – lustig, diese Geschichte – kommen sie zu den Männern, zu den hochheiligen Aposteln. Und die „hören" auch. – Und jetzt achten Sie gut drauf, wie Ostern vermieden wird, wie es verhindert wird, wie die Welt nicht neu wird, sondern die alte bleibt mit all ihrem Hass und aller Gewalt: Die Männer, die das von den Frauen gesagt bekommen, die sehen das nur im Lichte des Brauchtums, nach dem eine Frau sowieso nichts gilt. Und nachdem sie sowieso wissen, was sie gesehen haben – nämlich: der ist ja gekreuzigt worden – : Sie lassen sich ***nicht*** darauf ein, dieselbe Realität im Licht der neuen Botschaft zu sehen. Deswegen kriegen sie nichts davon mit. Sie machen weiter wie bisher, sie wollen keine neue Weichenstellung.

Zum Glück sind sie lernfähig und veränderbar. Und der Petrus, der macht sich wenigstens auf die Socken und geht zum Grab. Zwar dauert es noch, bis er kapiert. Er geht ja erst mal nach Hause, voller Verwunderung. Aber wenn man weiß, wie es weitergeht, dann ist klar: Auch er kriegt die Kurve, und er wird genauso wie die Frauen, von denen er es sich zuerst nicht hat sagen lassen, diesem lebendigen Gekreuzigten anhängen und im Lichte seiner Wirk-lichkeit, die jetzt „wirkt", alles neu sehen und verstehen. Weil er sich drauf einlässt. Und deswegen werden die Weichen neu gestellt werden für eine ganze Welt.

Ostern. Und wir mitten in dieser Bewegung! Ostern – eine Bewegung der Menschen, die nicht nur hören, sondern im Lichte des Gehörten nun die Wirklichkeit sehen und sich von diesem „Wort" als dem Licht der Zukunft aus allen „Gräbern" herausrufen und den Weg neu führen lassen. Die sich führen lassen, den Weg zu gehen, der jetzt ein anderer wird: Weg in neues Leben.

Wir – eingefügt in solche Weggemeinschaft. Und Gott hat neu den Start gesetzt. Für uns und für alle.

Erneuerung des Taufversprechens

Liebe Brüder und Schwestern, wir alle sind einmal samt unserer alten, überholten Lebensweise durch das österliche Geheimnis der Taufe mit Christus begraben worden, damit wir mit ihm auferstehen zu einem neuen Leben. Nach den 40 Tagen der Fastenzeit, in denen wir uns auf Ostern vorbereitet haben, wollen wir darum jetzt das Taufversprechen erneuern, mit dem wir damals dem Bösen abgeschworen und Gott versprochen haben, ihm, unserem Herrn, in seiner heiligen Kirche zu dienen. Und wir tun das mit der Taufkerze in der Hand. – Taufkerze, Osterkerze, Kommunionkerze – das ist ja alles eins.

So frage ich euch:

Widersagt ihr dem Bösen, um in der Freiheit der Kinder Gottes leben zu können?

Ich widersage.

Widersagt ihr den Verlockungen des Bösen, damit es nicht Macht über euch gewinnt?

Ich widersage.

Widersagt ihr dem Satan, dem Urheber des Bösen?

Ich widersage.

Glaubt ihr an Gott, den Vater, den Allmächtigen, den Schöpfer des Himmels und der Erde?

Ich glaube.

Glaubt ihr an Jesus Christus, seinen eingeborenen Sohn, unsern Herrn, der geboren ist von der Jungfrau Maria, der gelitten hat und begraben wurde, von den Toten auferstand und zur rechten des Vaters sitzt?

Ich glaube.

Glaubt ihr an den Heiligen Geist, die heilige katholische

Kirche, die Gemeinschaft der Heiligen, die Vergebung der Sünden, die Auferstehung der Toten und das ewige Leben?

Ich glaube.

Der allmächtige Gott, der Vater unseres Herrn Jesus Christus, hat uns aus dem Wasser und dem Heiligen Geist neues Leben geschenkt und uns alle Sünde vergeben. Er bewahre uns durch seine Gnade in Christus Jesus, unserm Herrn, zum ewigen Leben.

Amen.

Gottes Vision wird wahr

Gott macht Luftsprünge: Die Freunde von Jesus – wenn auch ängstlich, aber versammelt, sperren sich nicht gegen den Auferstandenen („weil: so was gibt's ja schließlich nicht!")! Sondern sie lassen sich tatsächlich von ihm anhauchen und mit Hoffnung anfüllen, so dass sie – energiegeladen – seine Sendung für sich selber übernehmen! Was Gott mit Jesus, also mit Einem und an jeweils einer Stelle, angefangen hatte, das kann jetzt vervielfältigt weitergehen! Die Menschheit, ja die ganze Schöpfung hat jetzt neue Chancen. Jetzt ist die Erfüllung der Sehnsucht unaufhaltsam, die der Schöpfer dem Menschen in die Wiege mitgegeben hat. Neue Geschichte: Jetzt lassen sie den Retter-Gott ran.

Thomas spricht es direkt aus: Den, der hier so völlig unmöglich aus den Toten auftaucht und sie zu einem neuen Frieden umkrempelt und aussendet, den bekennt er als die jetzt herrschende und treibende Kraft und Orientierung in seinem Leben: „Mein Herr und mein Gott!"

Ostern geht auf Pfingsten zu, auf diesen sprengkräftigen neuen Geist, der unter den Menschen herrscht und so die Erde neu macht. Geburt von Kirche: eine neue Gemeinschaft von Getauften, die einander die Füße waschen! Eine starke Vision! Jesus glaubt daran. Sie auch?

Ihn haben sie dafür gekreuzigt! Aber ganze Gemeinden, Träger dieser Vision haben sich gebildet. Vision einer Liebe im Stil der Fußwaschung, die die ganze Welt neu macht! – Seine Vision wird nicht trügen!

12 Aus Jüngern werden Gesandte

Am Abend jenes ersten Tages der Woche, als die Jünger aus Furcht vor den Juden die Türen verschlossen hatten, kam Jesus, trat in ihre Mitte und sagte zu ihnen: Friede sei mit euch! Nach diesen Worten zeigte er ihnen seine Hände und seine Seite. Da freuten sich die Jünger, dass sie den Herrn sahen! Jesus sagte noch einmal zu ihnen: Friede sei mit euch! Wie mich der Vater gesandt hat, so sende ich euch. Nachdem er das gesagt hatte, hauchte er sie an und sprach zu ihnen: Empfangt den Heiligen Geist! Wem ihr die Sünden vergebt, dem sind sie vergeben; wem ihr die Vergebung verweigert, dem ist sie verweigert.

Thomas, genannt Didymus – Zwilling –, einer der Zwölf, war nicht bei ihnen, als Jesus kam. Die anderen Jünger sagten zu ihm: Wir haben den Herrn gesehen. Er entgegnete ihnen: Wenn ich nicht die Male der Nägel an seinen Händen sehe und wenn ich meinen Finger nicht in die Male der Nägel und meine Hand nicht in seine Seite lege, glaube ich nicht.

Acht Tage darauf waren seine Jünger wieder versammelt, und Thomas war dabei. Die Türen waren verschlossen. Da kam Jesus, trat in ihre Mitte und sagte: Friede sei mit euch! Dann sagte er zu Thomas: Streck deinen Finger aus – hier sind meine Hände! Streck deine Hand aus und leg sie in meine Seite, und sei nicht ungläubig, sondern gläubig! Thomas antwortete ihm: Mein Herr und mein Gott! Jesus sagte zu ihm: Weil du mich gesehen hast, glaubst du. Selig sind, die nicht sehen und doch glauben.
(Johannes 20,19-29)

Acht Tage danach geschieht es also wieder: Wieder sind sie versammelt. Zweiter Ostersonntag: Wieder zeigt sich ihnen der durch die Kreuzigung tödlich verwundete Jesus. Die Augen gehen ihnen auf: Jesus ist auferstanden; der Tod musste ihn hergeben! – Thomas kann das mit Händen greifen.

Solche Ostererfahrung verwandelt diese Menschen ganz und gar: Zuerst ist ihre Zusammenkunft von der Angst geprägt. Wer weiß, ob sie nicht als die nächsten auch dran sind! Im Grab ihrer Hoffnungen sind sie gelähmt und gefangen: hinter verschlossenen Türen. – Und da zeigt er sich in ihrer Mitte! Da haucht er ihnen, diesen geradezu toten, jedenfalls dem Leben entfremdeten Menschen neuen Lebensgeist ein. Wie seinerzeit der Schöpfer. Mit seinem eigenen Lebensatem haucht er sie voll. „Frieden" erklärt er ihnen und nennt ihnen ihre neue Lebensaufgabe, in der sie zum Frieden kommen werden, „zu-frieden" werden sollen. Sie sehen jetzt: Der Jesus, von dem sie schon gemeint hatten, er sei gescheitert mit seinem Einsatz für die Menschen, der ist sogar die zuverlässigste Kraft, die ihnen Zukunft gewährleistet. Deswegen können sie es sich jetzt leisten, sich von ihm senden zu lassen. Sich ebenso senden zu lassen, wie er selber gesendet war. Mit demselben Risiko wie er und mit dem Wissen darum. – Sie sind zu ganz neuen Menschen geworden. Wie neugeboren.

Jesus ist eben doch der endgültige Retter, der Christus. Jetzt meinen sie nicht mehr, sich verstecken zu müssen als seine Anhänger, als Christen. Im Gegenteil: Jetzt werden sie sich stellen. – Ihre Einstellung zum Leben hat sich total gewandelt. Die Jünger haben jetzt keine Angst mehr. Im Gegenteil: Sie werden jetzt zu Zeugen für Christus, für die Auferstehung aus dem Tod und für die neuen Wertmaßstäbe und Lebensweisen, die sich daraus ergeben.

Thomas spricht es direkt aus: Den, der hier so völlig unmöglich aus den Toten auftaucht und sie zu einem neuen Frieden umkrempelt und aussendet, den bekennt er als die jetzt herrschende und treibende Kraft und Orientierung in seinem Leben: „Mein Herr und mein Gott!" Jesus nennt dieses Verhalten in seiner Antwort „Glauben".

Ja, mit diesen Ereignissen des ersten Osterfestes damals fängt das Leben der Menschen neu an. Gott fängt neu an mit dem Glauben seines Volkes. Und das ist ein Wesenszug auch des Osterbewusstseins in der gemeinsam begangenen österlichen Zeit in jedem Jahr von Neuem: Immer wieder gilt es, wie die Kirche es – „acht Tage danach" – im „Tagesgebet" nennt:

Barmherziger Gott, durch die jährliche Osterfeier erneuerst du den Glauben deines Volkes.

Mit der sich anschließenden, weil sich daraus ergebenden Bitte:

Lass uns immer tiefer erkennen, wie heilig das Bad der Taufe ist, das uns gereinigt hat, wie mächtig dein Geist, aus dem wir wiedergeboren sind, und wie kostbar das Blut, durch das wir erkauft sind.

Osterkerze erweist sich als „Zündkerze"

Viele Monate wurde unsere Kirche umgebaut und renoviert. Ein Brandschaden und zugleich die Baufälligkeit der Kirchendecke hatten es notwendig gemacht. Damals breitete sich das Bewusstsein aus: Wenn jetzt unser Kirchengebäude so toll erneuert wird, dann muss das auch eine Zeit der Erneuerung von uns selbst als Kirche werden. Vielleicht war das ja der hilfreiche Hintergrund für das fruchtbare Gelingen der Zusammenkunft unseres Pfarrgemeinderates im Dezember 1984.

Wie wir es uns zur Gewohnheit gemacht hatten, ersetzten wir im Advent die monatliche Sitzung durch ein Glaubensgespräch. In Tischgruppen tauschten wir uns aus. Vorgegeben war nur der Bibeltext von der paarweisen Aussendung der 72 Jünger in Lukas 10 und die Frage fürs Gespräch: Was mag Gott uns hier heute durch diesen Text sagen wollen?

Hinterher erzählten die Tischgruppen einander, worüber sie gesprochen hatten. Das mündete in die schließlich mit zunehmender Klarheit im Raum stehende doppelte Frage:

- Wer sind die Menschen in unserem Stadtteil, zu denen er uns heute schickt, um ihnen seinen „Frieden“ zu bringen und so ihnen Zugang zu Gottes Reich zu erschließen?
- Und was mag dabei unsere Aufgabe sein?

Da der Pfarrgemeinderat noch nicht beschlossen hatte, was das Thema seiner jährlichen Wochenendklausur Anfang März 1985 sein sollte, war schnell der Entschluss gefasst, diese doppelte Frage zum Thema zu machen.

Als „Experten“ in Sachen Lebensverhältnisse in unserm Stadtteil wiesen wir einander auf diverse Gegebenheiten in den Nachbarschaften hin und diskutierten sie. Am Ende war uns klar, dass es um eine Reihe von Zielgruppen gehen müsste: Menschen in Armut, einsame alte Menschen, Alleinerziehende, Menschen ohne Wohnung, ...

Wir entwickelten ein Leitbild unter dem Motto
„Unser Glaube – unser gemeinsamer Weg“:

Jeder Mensch
– bei uns
und auf der ganzen Erde –
soll erfahren,
dass sein eigener Wert sehr, sehr groß ist
    (indem seine Grundbedürfnisse erfüllt werden,
    indem er Anerkennung erfährt,
    indem er Interesse und Zuwendung findet,
    indem seine Würde und Rechte geachtet werden,
    indem er Partner und Unterstützung findet
        für die Entfaltung seines Lebens bis zur Fülle)
und zwar durch Menschen, die entsprechend handeln
– so wie Jesus das gemeint hat.
Das ist Gottes Wille
und Ziel von Christengemeinde.

Wir sahen Übereinstimmung mit dem, was die Würzburger Synode der katholischen Kirche in Deutschland 1974 als Aufgabe von Kirche formuliert hatte (in ihrem Beschluss „Rahmenordnung für die ... Leitung ... der Bistümer ..."):

In ihrem Einsatz für das Evangelium und für den Glauben,
im Gedächtnis der Erlösung der Welt,
in der Bruderliebe,
besonders im Eintreten für Freiheit, Frieden und Gerechtigkeit,
erfüllt sie als Volk Gottes den Willen des Vaters
und gibt ihm die Ehre.

Für den Weg, das mit Leben zu erfüllen, fanden sich aus der Gemeinde über 50 Personen als Interessenten. Unter dem Motto „Nachbarn in Fechenheim – arm, einsam, ...!" berieten wir bei verschiedenen Zusammenkünften konkrete Schritte. Jeweils mit Fachleuten aus der Caritas- und der kommunalen Sozialarbeit, aus Alten- bzw. Krankenpflege, Telefonseelsorge und Erwachsenenbildung. Gruppen bildeten sich und – in der Sprache des ursprünglichen Glaubensgesprächs – „ließen sich senden" zur nachhaltigen Arbeit mit drei Zielgruppen:

- SozialhilfeempfängerInnen,
- alte Menschen im Pflegeheim
- und Wohnsitzlose.

Von allen dreien ist in den Büchern dieser Reihe „Den Retter-Gott ranlassen" immer wieder die Rede.

Was war geschehen? – Wir hatten einen Impuls bekommen, einen Zündfunken. Im Vertrauen zueinander hatten wir uns ansprechen lassen durch Worte der Bibel. Unsere gemeinsame Basis war – so weit kannten wir uns – die Offenheit für die Vision von Gottes Zuwendung vor allem zu den Belasteten. Die Klage, warum Gott all das Elend zulasse, und den Jammer, dass Jesus heute nicht so handelt wie damals, er also wohl doch gar nicht da sei, hatten wir hinter uns gelassen. Ohne viele Worte darüber waren wir einfach bereit, richtiger gesagt: waren wir aus froher Neugierde auf sein Wirken daran interessiert, uns von ihm in Dienst nehmen zu lassen. Unser gemeinsamer Glaube an den

Auferstandenen wurde (von neuem) zu unserm gemeinsamen Weg. Wir waren – wieder einmal? – aus „Jüngern" zu „Gesandten" geworden. Die Osterkerze – beim ersten Gespräch in Gestalt der Kerze am Adventskranz – erwies sich als Zündkerze für unsern „Motor".

13 Neue Menschen, neue Erde!

In jener Zeit, als Judas hinausgegangen war, sagte Jesus: Jetzt ist der Menschensohn verherrlicht und Gott ist in ihm verherrlicht. Wenn Gott in ihm verherrlicht ist, wird auch Gott ihn in sich verherrlichen, und er wird ihn bald verherrlichen. Meine Kinder, ich bin nur noch kurze Zeit bei euch. Ein neues Gebot gebe ich euch: Liebt einander! Wie ich euch geliebt habe, so sollt auch ihr einander lieben. Daran werden alle erkennen, dass ihr meine Jünger seid: wenn ihr einander liebt. (Johannes 13,31-33a.34-35)

Jesus hat eine Vision: Es wird Menschen geben, die auf ihn hören; die sich anstecken lassen werden von seiner Art zu lieben!

Andere teilen seine Vision:

Ich, Johannes, sah einen neuen Himmel und eine neue Erde; denn der erste Himmel und die erste Erde sind vergangen, auch das Meer ist nicht mehr. Ich sah die heilige Stadt, das neue Jerusalem, von Gott her aus dem Himmel herabkommen; sie war bereit wie eine Braut, die sich für ihren Mann geschmückt hat. Da hörte ich eine laute Stimme vom Thron her rufen: Seht, die Wohnung Gottes unter den Menschen! Er wird in ihrer Mitte wohnen, und sie werden sein Volk sein; und er, Gott, wird bei ihnen sein. Er wird alle Tränen von ihren Augen abwischen: Der Tod wird nicht mehr sein, keine Trauer, keine Klage, keine Mühsal. Denn was früher war, ist vergangen. Er, der auf dem Thron saß, sprach: Seht, ich mache alles neu. (Offenbarung 21,1-5a)

Für den Seher Johannes ergibt sich ein ganzes Bild: Da wird keine Mühsal mehr sein, keine Klage; die Tränen werden alle abgewischt werden; keine Trauer mehr; alle werden die Erfahrung machen, geliebt zu sein. So wie einige zu Lebzeiten Jesu damals geliebt ***wurden*** von ihm. – Unter den Menschen wird der Himmel Gegenwart sein! Gott wird unter ihnen Wohnung nehmen: Wenn man ihn sucht, wird man wissen, wo man bei ihm klingeln muss.

Verrückte Vision, nicht wahr? Aber Jesus hat sie! Er hält es für möglich, dass das Wirklichkeit wird! – Sie auch? Für die kleine Welt, in der Sie leben? Und für die große? In der Welt des 21. Jahrhunderts? Weil da Menschen sind, die sich von ihm anstecken lassen? Weil da Menschen sind, die auf ihn hören? – Schon seine nächsten Angehörigen damals wollten ihn für verrückt verkaufen. Kein Wunder, wenn man auch uns für verrückt nehmen will, wenn wir eine solche Vision auch haben sollten; wenn wir die mit Jesus teilen sollten. Kein Wunder, wenn etwas so revolutionär Neues alle die verunsichert und ärgerlich macht, die sich längst gemütlich eingerichtet haben. Kein Wunder, dass sie ihn kreuzigen wollen – damals und heute.

Und trotzdem hat es andere gegeben, die sich haben anstecken ***lassen***:

In jenen Tagen kehrten Paulus und Barnabas nach Lystra, Ikonion und Antiochia zurück. Sie sprachen den Jüngern Mut zu und ermahnten sie, treu am Glauben fest zu halten; sie sagten: Durch viele Drangsale müssen wir in das Reich Gottes gelangen. In jeder Gemeinde bestellten sie durch Handauflegung Älteste und empfahlen sie mit Gebet und Fasten dem Herrn, an den sie nun glaubten. Nachdem sie durch Pisidien gezogen waren, kamen sie nach Pamphylien, verkündeten in Perge das Wort und gingen dann nach Attalia hinab. Von dort fuhren sie mit dem Schiff nach Antiochia, wo man sie für das Werk, das sie nun vollbracht hatten, der Gnade Gottes empfohlen hatte. Als sie dort angekommen waren, riefen sie die Gemeinde zusammen und berichteten alles, was Gott mit ihnen zusammen getan und dass er den Heiden die Tür zum Glauben geöffnet hatte. (Apostelgeschichte 14,21b-27)

Ganze Gemeinden haben sie neu gegründet im ganzen Mittelmeerraum. Bis in die fernsten Orte – Ikonion, Antiochia, Lystra, ja bis hin in den Ort, in dem ich lebe, sind sie gekommen! Träger einer Vision, einer Vision von der Liebe. Nicht von einer x-beliebigen Liebe, die doch immer nur Bestätigung des eigenen Egoismus bleibt, sondern Visionäre einer Liebe, für die Jesus das Beispiel gegeben hat durch sein Leben und Sterben, das er unmittelbar vor den oben genannten Worten des Evangeliums im Zeichen der Fußwaschung deutlich gemacht hat, worum es ihm da geht.

Und seither geht diese Bewegung immer weiter, will immer neu anfangen. Der Geist von Ostern soll die Wirklichkeit in dieser Welt immer mehr prägen. Das braucht Zeit. Zeichenhaft für dieses Bewusstsein feiert die Kirche 50 Tage lang Ostern. Und der 50. Tag, auf griechisch Pentekoste, lautmalerisch bei den anderen Völkern (kaum) abgewandelt zum Wort „Pfingsten", "Pentecôte", „Pentecostés", ... Aus Ostern will Pfingsten werden: neue Welt im neuen Geist.

Und überall, wo sich da Kirche bildet, erweist sie sich als der Ort, durch den Ostern auch für die Welt geschieht: Das Miteinander oder – mit den Worten Jesu gesagt – die Liebe, die Christen zueinander haben, ist die Quelle, aus der die Welt lebt, neu wird. Durch den Dienst derer, die einander „die Füße waschen" nach seinem Beispiel. Überall da, wo Tränen fließen, wo Trauer ist, wo Menschen klagen müssen, weil sie unter Mühsal leiden, überall da ist der Ort. Die Kirche weiß es: Im 2. Vatikanischen Konzil hat sie gesagt: Freude und Hoffnung, Trauer und Angst der Menschen von heute ***sind*** Freude und Hoffnung, Trauer und Angst der Kirche Christi. *(vgl. Gaudium et spes, Nr. 1)* - Sind wir diese Kirche?

Die Vision, die Jesus hat, wird nicht trügen!

Pfingsten

Am Kreuz hat er ausgeatmet.
Sein Leben ausgehaucht.
Sich selber ganz und gar.
Ganz tief.
Eine Menge Atem voller Lebendigkeit.

Damit haucht er sie an: Sie atmen ein!
Ihrer Angst bläst er stürmisch Hoffnung ins Gesicht.
Ganz tief.
Neuer Atem zum Leben.

Wo sie versammelt sind, fängt's an.
Und dann: ab unter die Menschen!
Geburtsstunde von Kirche.
Frischer Wind für die ganze Welt.
Der Wind des Friedens kommt.
Verständigung und Frieden.

Die beigefügte CD

Alle Teile aus Gottesdiensten wurden in der Katholischen Pfarrgemeinde Herz Jesu Frankfurt/Main-Fechenheim aufgenommen. Die Evangeliums-Texte und Predigten wurden vom damaligen Pfarrer Rainer Petrak gesprochen und gesungen.

Die Live-Aufnahmen (seinerzeit ohne die Absicht einer Veröffentlichung) aus „normalen" Gottesdiensten können vielleicht die anregende Vorstellung realer Glaubensgemeinschaft anstoßen. Technische Schwächen der nicht professionellen Herstellung lassen die geerdete Realität spüren.

GEMA Hörbuch

Der Inhalt der Audio-CD

aus einem Gottesdienst am 3. Fastensonntag / A (1994)

01 Evangelium:
Johannes 4,5-7.9-19.25-26.28-30.39-42 4'31

02 Stegreif-Dialog-Predigt (Ute Schäfers, Rainer Petrak) 17'20

zu einem inhaltlichen Aspekt des 4. Fastensonntags (B)

03 „Wie ein Fest nach langer Trauer ... So ist Versöhnung"
Text: Jürgen Werth, Melodie: Johannes Nitsch
© 1988 SCM Hänssler, 71087 Holzgerlingen
è LC07224 SCM Hänssler, 71087 Holzgerlingen
mit freundlicher Genehmigung von
www.scm-haenssler.de 3'00

aus einem Gottesdienst am 5. Fastensonntag / A (2002)

04 Evangelium:
Johannes 11,3-8.11-17.20-29.32-45 7'21

05 Predigt, zum Teil gesungen auf die ABBA-Melodie
"Lay all your love on me" 6'51

aus einem Gottesdienst am Gründonnerstag Abend (2004)

06 Evangelium: Johannes 13,1-15 3'26

07 Predigt 14'37

aus einem Gottesdienst am Karfreitag (2001)

08 1. Lesung: Jesaja 52,13-53,12 (Eva-Maria Wörner) 3'12

09 Antwortpsalm: Psalm 31,2.6.12-13.15-17.25 Satz von
Heinrich Rohr mit Kehrvers „Vater, in deine Hände ..."
von Walther Lipphardt, GL 203,1
(Ute Schäfers, Gemeinde-Schola) 2'55

10 Gesang zur Kreuzerhöhung „Heiliges Kreuz"
von Rainer Petrak (Gemeinde-Schola) 0'54

aus einem Gottesdienst in der Osternacht (2001)

11 Halleluja-Psalm: Psalm 118,1-2.16-17.22-23 Satz von
unbek. Meister mit Kv „Halleluja" gregorianisch, GL 530,7
(Ute Schäfers, Gem.-Schola, Org.: Matthias Welper) 2'11

12 Evangelium: Lukas 24,1-12 2'32

13 Predigt 4'42

14 Erneuerung des Taufversprechens 2'24

Gesamtspieldauer: 75'56